KB048392

사람들은 왜

진보는
무능하고
보수는
유능하다고
생각하는가

보수화된 시민 32인을 심층 인터뷰하다

사람들은 왜 진보는 무능하고 보수는 유능하다고 생각하는가

ⓒ 장신기, 2016

초판 1쇄 2016년 2월 22일 발행
초판 2쇄 2016년 4월 18일 발행

지은이 장신기
펴낸이 김성실
책임편집 김진주
디자인 채은아
제작 한영문화사

펴낸곳 시대의창   등록 제10-1756호(1999. 5. 11)
주소 121-816 서울시 마포구 연희로 19-1
전화 02)335-6121   팩스 02)325-5607
전자우편 sidaebooks@daum.net
페이스북 www.facebook.com/sidaebooks
트위터 @sidaebooks

ISBN 978-89-5940-600-5 (03330)

잘못된 책은 구입하신 곳에서 바꾸어드립니다.

이 도서의 국립중앙도서관 출판시도서목록(CIP)은
서지정보유통지원시스템 홈페이지(http://seoji.nl.go.kr)와
국가자료공동목록시스템(http://www.nl.go.kr/kolisnet)에서 이용하실 수 있습니다.
(CIP제어번호: CIP2016001290)

장신기 지음

사람들은 왜 진보는 무능하고 보수는 유능하다고 생각하는가

**보수화된 시민 32인을
심층 인터뷰하다**

시대의창

책머리에

진보 세력은 선거에서 패하면 소위 '멘탈 붕괴'에 빠진다. 단적인 예로 2012년 대선에서 문재인 후보가 박근혜 후보에 패하자 진보 진영은 집단 '멘붕' 상태에 빠졌다. 이명박 정권을 비판하는 여론이 우세하여 정권 교체에 대한 기대감이 강했기 때문에 선거에 패한 충격이 그만큼 컸던 것이다. 그리고 대선 이후 최근까지 몇 번의 선거에서 보수 세력에 불리한 사건들이 지속적으로 발생했음에도 진보 세력이 연이어 패하자, 진보 진영의 탄식과 멘붕은 이어지고 있다.

자신이 지지하는 세력이 선거에서 패배하면 기분 좋을 사람은 없다. 그런데 '멘붕' 상태에 빠진다는 것은 단순히 기분이 좋지 않다는 정도로 해석하기 곤란한, 그 이상의 의미가 있다. '멘붕'은 예측하지 못한 충격이 닥칠 때 나타나는 심리적 공황 상태를 의미한다. 그런데 여기서 한 가지 의문이 든다. 진보 세력이 선거에서 패배하는 것이 과연 예측하기 힘든 현상이라고 할 수 있을까? 사실 역대 선거 결과를 보면 한국의 진보 세력이 선거에서 승리한 경우는 많지 않다. 패배한 경우가 더 많고 승리를 해도 표차가 적은 경우가 대부분이다. 반대로 보수는 진보를 상대로 높은 승률을 보이고 있으며, 압도적인 표차로 승리하기도 한다. 보수 우위의 정치사회적 현실을 비유적으로 표현한 '기울어진 운동장'이란 말이 나올 정도로 한국 사회 내에서 보수의 기반은 탄탄하다. 그러므로 객관적인 시각에서 보면 진보보다 보수가 승리할 가능성이 높다.

그러면 진보 진영은 왜 '멘붕'에 빠지는가? 물론 객관적으로 쉽지 않은 선거라도 패배 자체가 초래하는 심리적 충격과 박탈감은 분명 존재한다. 그런데 진보 진영이 '멘붕'에 빠지는 이유를 패배에 따른 상실감만으로 설명하기는 힘들다.

진보 진영이 '멘붕'에 빠지는 근본적인 이유는 두 가지이다. 먼저 진보 세력은 일반인들이 보수 세력을 지지하는 이유를 잘 이해하지 못한다. 진보 세력은 보수 세력이 고루하고, 타락해 있고, 부정부패에 취약하며, 민주주의와 인권에 대한 감수성도 없고, 소수 특권층의 이익만을 옹호하며, 평화를 위협하는 호전적인 성향을 띠고 있다고 인식한다. 그리고 진보 세력은 보수와 다르게 자신들은 도덕적이며, 민주주의 원리에 충실함과 동시에 다수 서민의 사회경제적 이익을 옹호하고, 평화주의자임을 자부한다. 진보 세력은 평범한 사람들이 보수 세력보다 자신들을 지지하는 것이 지극히 합리적인 일이라고 내심 생각하고 있다. 그래서 평범한 서민들이 보수 세력을 그토록 많이 지지하는 현상을 진보 세력은 쉽게 이해하지 못한다.

두 번째 이유는 진보 세력이 자신들의 자존심에 큰 상처를 받기 때문이다. 진보 세력은 보수 세력에 많은 문제점이 있다고 생각하기 때문에 내심 보수 세력을 깔보는 경향이 있다. 그래서 그런 보수 세력보다 국민들의 지지를 더 얻지 못하는 현실에 대해 진보 세력은 크게 자존심 상해 한다. 남녀 관계로 비유하자면 한 사람의 이성을 두고 삼각관계에 있는 사람이 경쟁 상대보다 우월한 것이 많아 자신이 그 이성에게 구애하면 성공할 것으로 기대했는데, 예상과 달리 막상 경쟁자가 구애에 성공했을 때 자존심 상하는 것과 비슷하다고 할 수 있다.

그래서 이해도 안 되고 자존심이 크게 상한 진보 세력은 매우 신경질적인 반응을 보이기도 한다. 특히 경제적으로 곤궁한 서민들이 보수를 지지하는 현상을 두고 '뭘 모르니까 저래', '더 당해봐야 돼'라는 등 상당히 공격적인 언사를 쏟아내기도 한다. 그리고 이들이 보수적 성향을 보이는 것을 일탈적 현상으로 재단하기도 한다. 한 예로 여러 국정 난맥상이 나타나는 와중에서도 박근혜 대통령에 대한 지지도가 30%선을 유지하는 현상에 대해 진보 지식인 홍세화는 이성적인 맥락에서 이해되지 않는다는 의미에서 '신앙적', '종교적'이라고 규정했다.[1] 그리고 이렇게 판단하는 진보 인사들은 상당히 많다.

눈앞에서 전개되는 현실을 이성적, 정서적으로 받아들이기 힘들 때 이에 대한 우회적인 해결 방법 중 하나가 바로 상대에게 부정적 낙인을 찍는 것이다. 이는 '멘붕'과 유사한 맥락에서 나오는 심리 현상이다. 그런데 진보 진영의 이와 같은 태도는 민중의 계급적, 역사적 가치를 강조하는 진보 세력의 고유한 가치를 부정한다는 점에서 심각한 자기모순이다. 이와 같은 인식 상태에서는 적절한 해법을 모색하기 어렵기 때문에 제2, 제3의 '멘붕'이 쓰나미처럼 몰려올 가능성이 높다.

물론 이런 상황에서도 보수의 정치적 자살골 행위로 어부지리를 얻어 특정 선거에서 진보가 승리할 수는 있다. 그러나 이는 진보가 자신들의 실력으로 얻은 결과가 아니기 때문에 보수가 진열을 재정비하기만 하면 언제든지 상황이 역전될 수 있다. 바로 2012년 총선과 대선의 결과가 이것을 보여주는 대표적인 사례이다. 이명박 정권의 연이은 실정으로 2010년 지방선거에서 야권은 대약진했고, 이후 주요 재보궐 선거에서 손학규, 박원순 등이 연이어 당선되면서 2012년 총선과 대선에서 야권의 승리를 점치는 사람들이 많았지만, 결과는 정반대였다. 지금도 진보 세력이 보수의 실책에 의존하는 기생정치 행태를 청산하지 못한다면 2012년 선거 때처럼 보수의 변신에 속수무책으로 당하고 말 것이다.

이처럼 '진보의 약화와 보수의 강화' 현상이 나타나는 근본적인 원인은 진보 세력이 사람들이 보수화되는 원인을 아직도 제대로 파악하지 못하고 있기 때문이다. 진보가 보수화된 사람들의 마음을 알지 못한다는 것! 이것이 문제의 핵심이다. 그럼에도 진보 인사 상당수는 아직도 보수화의 원인으로 보수 우위의 여론 형성 구조를 지목한다. 그러나 사람들의 보수화 원인을 언론 탓으로 돌리는 것은 상황을 매우 단순화하는 것이며, 사태의 본질을 놓칠 우려가 있을 뿐만 아니라 대단히 위험하다. 그리고 평범한 사람들의 자율적 판단 능력을 폄훼하는 지적 권위주의의 소산이라는 비판이 제기될 수도 있다.

진보 진영은 대중이 보수 언론의 여론 공작에 쉽게 포획되는 수동적 존재라 인식하는 지금까지의 자세를 과감히 던져버려야 한다. 지금 진보 진영에게 필요한 것은 보수화된 사람들의 내면 세계를 파악하기 위해 겸허한 자세로 그들의 목소리를 직접 듣고 이해하는 일이다. 보수 세력을 지지하는 사람들에게 흥분만 하지 말고, 그들이 왜 그러한 정체성을 갖게 되었는지 진지하게 살펴보아야 한다. 그래야만 멘붕의 충격과 멘붕의 공포에서 해방될 수 있다. 필자는 이와 같은 문제의식을 가지고 평범한 사람들이 보수적인 정체성을 갖게 된 이유를 파악하기 위하여 이 책을 썼다.

이 책은 필자가 연세대학교 대학원 사회학과에 제출한 박사 학위 논문인 〈보수주의 헤게모니 재형성의 동학: 1998-2014〉의 내용을 발전시켰음을 밝힌다. 다만, 대중적인 정치비평서의 성격에 맞게 글의 구성 및 문장 등을 새롭게 다듬었으며 현시점에 부합하는 내용을 추가했다.

이 책은 무엇보다 우리 주변에 있는 평범한 사람들의 목소리를 통해 보수화의 원인을 분석했다는 점에서 의의가 있다. 그동안 '진보의 약화, 보수의 강화' 현상을 분석하는 글 대부분은 그 대상이 보수든 진보든 상층 단위의 엘리트에 초점을 맞췄다. 그렇게 볼 때 이 책은 실제 보수화 현상을 초래한 주체이면서도 그동안 주목되지 않았던 보수화된 사람들의 내면을 분석하고 있다는 점에서 의미가 있다. 이 책이 우리 사회가 보수화되는 이유를 분석하는 데 도움이 되기를 진심으로 바란다.

장신기

차례

3부 사람들은 왜 보수 세력이 사회 통합을 더 잘할 것이라고 생각하는가

프롤로그

진보의 추락과 보수의 비상

지금 한국 사회는 날로 심해지는 사회경제적 양극화와 사회 통합
의 위기에 처해 있다. 물론 이 두 사안은 오래전부터 한국 사회가
해결해야 할 중심 과제였다. 그러나 IMF 구제금융 이후 신자유주
의적 사회 재편이 급속도로 진행되면서 상황은 악화 일로에 있다.
급기야 최근에는 '헬조선'이라는 말이 광범위한 호응을 얻을 정도
로 많은 사람이 불안과 절망 속에 큰 고통을 겪고 있다.

　신자유주의는 한 사회의 다양한 영역에서 구조적인 변화를 초
래한다. 또 자본의 자유로운 활동이 공동체 전체의 부의 창출에
기여하고 개인도 그 안에서 행복을 영위할 수 있다는 논리를 내세
운다. 그러나 현실에서는 대자본을 제외한 영세 소상공인의 위상

이 추락하고, 노동시장 유연화로 고용안정성은 악화되고 있다.

더군다나 인간으로서의 자존감을 지키며 사는 것이 점점 더 어려워지고 있다. 리처드 세넷Richard Sennett은 신자유주의 재편 과정에서 일반 노동자들이 겪게 되는 소외감을 '인간성의 파괴'라고 표현한다.[2] 그리고 지그문트 바우만Zygmunt Bauman은 시장 경쟁에서 도태된 존재가 범죄자로 인식되는 것을 '쓰레기가 되는 삶'이라고 규정했다.[3] 이처럼 생존 경쟁에 내몰린 개인들은 인격적 존재로서의 자기 존엄 의식을 상실하면서 '모멸감'을 느끼고 있다.[4]

그런데 한국에서는 이 문제가 더욱 심각하다. 서구에서는 신자유주의가 복지국가의 재정위기 극복을 위한 내부 개혁 논리로서 제시되었다. 그러나 외환위기 발생 당시 한국의 공적 복지 시스템은 초보적인 단계에 머물러 있었을 뿐더러 가족이나 기업 등에 의한 사적 복지가 그 빈 공간을 채우고 있었다. 이러한 여건 속에서 외환위기 이후 급속한 신자유주의적 사회 재편은 경제적 양극화와 사회 통합의 위기를 심화했다.

이 문제의 심각성을 단적으로 알려주는 것이 바로 자살률이다. 자살은 경제적 궁핍과 아노미 상태에서 주로 발생하는 사회 현상으로, 2000년대 들어 급증하고 있다. 인구 10만 명당 자살자 수를 자살률이라고 하는데, 〈표1〉을 보면 2000년대 들어 자살률이 증가한 것을 알 수 있다.

표1	자살률 추이			(단위: 명)
연도	2001	2004	2007	2010
자살률	14.4	23.7	24.8	31.2

자료: 통계청, 사망원인통계.[5]

한국의 자살률은 2012년 기준 10만 명당 29.1명으로 OECD 평균 12.1명보다 17명이나 많으며 이는 10년 연속 자살률 1위 국가에 해당한다.[6] 1997년 외환위기 이후 많은 사람이 당시 상황을 한국전쟁 이후 최대의 국난이라고 표현했는데, 그 이후 상황을 보면 당시 진단은 결과적으로 옳았다고 할 수 있다. 그만큼 신자유주의적 사회 재편이 한국 사회에 준 영향력은 매우 크다.

그런데 여기서 주목해야 할 점은 이러한 위기가 심화되는 상황 속에서 정치사회적 보수화가 강화되고 있다는 사실이다. 1997년 대선에서 정권을 내준 이후 2002년 대선과 2004년 총선까지 약세를 면치 못하던 보수 세력은 2005년경부터 영향력을 회복하기 시작했다. 그리고 2006년 지방선거, 2007년 대선, 2008년 총선에서 압도적인 승리를 거두었다.

또한 '민주'와 '정치개혁' 등 진보 세력이 우위를 점하던 담론이 퇴조하고 '성장'과 '시장' 등 보수 담론의 영향력이 급속히 강화되었다. 보수 세력이 주장하는 '잃어버린 10년'처럼 '진보 세력은 실패했다'는 담론이 확산되고, '민주주의가 밥 먹여주냐'처럼 민주주의를 폄훼하고 민주주의와 경제를 대립적으로 프레임화한 담론이 횡행하고 있다.

이에 보수주의가 위기 극복의 대안으로 수용되었다. 이명박 정권하에서도 경제 위기, 사회 통합의 위기는 심화되어 2012년 대선에서는 진보 세력과 친화성이 있는 '복지' 담론이 선거의 핵심 이슈가 되었음에도 국민들은 보수 세력을 위기 극복의 대안으로 선택했다.

보수 세력의 영향력 강화는 시민사회 영역에서도 발견된다. 보수 세력은 기존 진보 세력이 우위를 점하던 영역에서도 대등하거나 심지어 이를 뛰어넘는 모습까지 보여주고 있다. 먼저 보수 세력은 인터넷을 비롯한 온라인 영역에서 영향력이 급성장했다. 이미 2006년경부터 인터넷 영역은 더 이상 진보 세력의 독점적 공간이 되지 못했다.[7] 그리고 뉴라이트 운동으로 대표되는 보수적 시민사회운동이 본격화되었다. 이는 아래로부터 형성된 보수주의 강화 현상이라고 할 수 있다.

그리고 진보적 시민단체와 노조 등이 국민들과 괴리되는 현상이 나타나는 등 시민사회 영역에서 탈진보화 징후 역시 뚜렷해졌다. 삼성경제연구소와 성균관대 동아시아학술원 서베이리서치센터가 진행한 한국종합사회조사(KGSS) 결과, 시민단체에 대한 신뢰도는 2003~2004년 연속 1위였으나 2005년엔 5위로 떨어졌다.[8] 또한 2005년부터 2013년까지 시민단체에 대한 신뢰도는

10점 만점을 기준으로 2005년에는 4.81점, 2007년에는 4.61점, 2009년 4.16점, 2011년 4.33점, 2013년 3.90점으로 전반적으로 하락세에 있다.[9] 이는 사람들이 시민단체의 대표성과 중립성에 대해서 문제의식을 가지고 있음을 보여준다.

그뿐만 아니라 교육민주화의 견인차였던 전교조에 대해서도 부정적인 평가가 강화되었다. 2003년 5월에 EBS가 실시한 여론조사 결과를 보면 전교조에 대한 긍정적인 평가는 65.7%(매우 긍정 6.6%+약간 긍정 59.1%)이고 부정적인 평가는 32.1%(매우 부정 4.2%+약간 부정 27.9%)였다.[10] 그런데 한국갤럽이 2014년 6월에 실시한 여론조사를 보면 평소 전교조에 대한 느낌에 대해 '좋지 않다'고 응답한 비율이 48%이며 '좋다'라고 응답한 사람의 비율은 19%였고 의견 유보는 34%였다.[11]

이처럼 정치권뿐만 아니라 시민사회 내 다양한 영역에 이르기까지 진보 세력은 국민 불신의 대상이 되었음을 확인할 수 있다. 노무현 정권 후반기부터 거세게 불기 시작한 보수화 현상에 대해 김호기는 1987년 이후 20여 년 동안 시대정신이 '민주화'였는데 이것이 역사적 종언을 고하고 있다고 진단한 바 있다.[12] 이러한 전반적인 상황을 고려해볼 때 2005년경부터 현재까지의 정치사회 변동 현상을 '재보수화'로 규정할 수 있다.

진보는 정말로 무능했었나

이명박-박근혜 정권의 등장으로 상징되는 최근의 보수화 현상은 김대중-노무현 정권 10년의 또 다른 유산이다. 특히 한국 현대사에서 가장 진보적인 세력이 집권했던 김대중-노무현 정권 10년의 역사적 시간 속에서 보수화의 새로운 씨앗이 배태되었다는 점은 역설적이기까지 하다.

그런데 위와 같은 상황은 다음과 같은 사실을 통해 볼 때 의문점이 든다. 먼저 보수주의 헤게모니 재구축 현상이 발생한 이유는 '잃어버린 10년'과 '진보 세력은 무능하다'처럼 진보 세력은 위기극복의 대안이 될 수 없다는 인식이 확산된 것과 동시에 보수 세력의 대안이 사람들로부터 호응을 얻었기 때문이다. 그런데 이러한 주관적 느낌과 일반적 통념과는 다르게 객관적인 지표는 다른 사실을 나타낸다. 김대중-노무현 정권이 이명박 정권보다 더 좋은 성과를 냈으며 더군다나 그 격차도 상당하다는 점이다.[13]

먼저 정권별 '경제 업적 지수'를 살펴보고 경제적 측면에서의 업적을 비교해보자. 특정 정부의 전체적인 경제 업적을 평가하기 위해서는 한 가지 지표만을 보아서는 안 되며 주요 지표를 종합적으로 파악할 필요가 있다. 그래서 고안된 것이 경제 업적 지수이다. 국민들이 직접적으로 그리고 즉각적으로 체험할 수 있는 지표인 경제성장률, 소비자 물가 상승률, 실업률을 종합적으로 반영한 경제 업적 지수는 특정 정부의 종합적인 경제 실적을 보여주는 객관적인 지표이다. 경제 업적 지수는 긍정적 지표인 경제성장률을 분자로 하고, 부정적 지표인 소비자 물가 상승률과 실업률의 합을 분모로 해서 얻은 수치에 100을 곱해 구한다. 이 지표를 보면 김대중 정권이 82로 가장 높았고 노무현 정권이 68.9이고 이명박 정권은 43.1로 수치가 급락했다.[14]

그리고 경제적 업적뿐만 아니라 사회 통합과 관련된 수치를 포함하여 좀 더 포괄적인 평가를 위해 고안된 것이 사회경제고통지수이다.[15] 사회경제고통지수는 소비자 물가율, 실업률, 소득배율, 범죄율(10만 명당 발생 건수), 자살률(10만 명당 자살자 수) 등 다섯 가지 지표를 통해 산출하는데, 특정 요소가 과도하게 반영되는 것을 방지하기 위하여 분석 시점 내에서 각 요인별로 평균 0, 표준편차 1로 표준화한 뒤 이 다섯 가지 지표를 합산해서 구한다. 그래서 분석 시기 내에서 평균적인 고통 수치는 0이고 −값이면 평균 이하의 고통, 반대로 +값이면 평균 이상의 사회경제적 고통을 겪고 있다는 의미이다. 1997년 외환위기의 파장을 파악하기 위하여 외환위기 이전인 김영삼 정권부터 최근 이명박 정권까지 20년 동안의 사회경제고통지수를 정권별로 살펴본 것을 그래프로 나타낸 것이 〈그림1〉이다.[16]

〈그림1〉을 보면 우선 1997년 외환위기 전후 사회경제고통지수의 차이가 크게 나타난다는 것을 알 수 있다. 외환위기의 단기적이고 직접적인 여파가 나타난 1998년을 넘어서면 김대중-노무

그림1　연도별 사회경제고통지수: 1993~2012

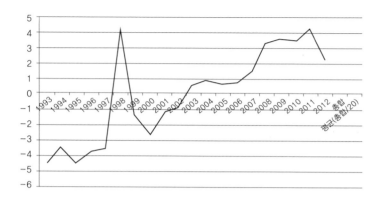

현 정권 시절인 1999년부터 2007년까지는 상대적으로 안정화된 모습을 보인다. 그런데 이명박 정권 들어서는 상황이 악화되고 있다. 이렇게 해서 20년 동안 각 정권의 사회경제고통지수를 비교하면 김영삼 정권 시기는 -3.98, 김대중 정권 시기는 -0.37, 노무현 정권 시기는 0.9, 이명박 정권 시기는 3.45로 나타난다. 정권별 수치 비교에서 알 수 있다시피 외환위기 이전과 이후는 차이가 크고, 그다음으로 이명박 정권 들어서면서 그 수치가 악화되고 있음을 알 수 있다.

이렇게 보면 신자유주의 재편 과정에서 나타난 양대 위기인 경제 위기와 사회 통합의 위기에 대한 대처에 있어서 김대중-노무현 정권이 이명박 정권보다 객관적인 지표로 볼 때 더 좋은 성과를 거두었으며 그 격차도 상당히 크다는 점을 알 수 있다. 더군다나 이명박 정권은 1987년 민주화 이후 가장 안정적인 통치 기반 속에서 국정을 운영했기 때문에 문제의 원인을 외부로 돌리기도 어렵다. 이명박 대통령은 대선에서 압도적인 표차로 당선되었고 집권 첫해에 실시된 총선에서 압승하여 제도적 견제가 무력화된 조건 속에서 사실상 자신의 의지대로 국정 운영을 할 수 있었다. 그렇게 볼 때 이명박 정권의 책임은 매우 무겁다.

이러한 상황 속에서도 2012년 대선에서 보수 세력은 또다시 위기 극복의 대안으로 선택되었다. 이명박 정권하에서 삶의 질이 더욱 악화되었음에도 불구하고 진보 세력은 위기 극복을 위한 대안이 되지 못한 것이다. 그리고 이는 '위기 상황에서 이명박은 실패했지만 보수적 처방은 여전히 유효하다'는 인식이 형성된 것으로 해석할 수도 있다. 대표 주자가 누가 되었든 진보보다는 보수가 낫다는 것! 이와 같은 현실을 객관적으로 평가하면 보수 세력에 대한 정치사회적 헤게모니가 재형성되었다고 할 수 있다.

그러면 신자유주의적 재편으로 인해 사회경제적 양극화와 사회 통합의 위기가 동시에 심화되는 상황 속에서 보수주의가 위기 극복의 대안으로 인식되는 이유는 무엇인가? 1998년부터 2014년까지 역사적 전개 과정의 결과가 진보적 헤게모니 구축이 아닌 보수 세력의 헤게모니 재구축 과정으로 귀결된 이유는 무엇인가?

얼마나 보수화되었는가

이를 알아보기 위해 먼저 이 시기 보수화된 사람들의 규모를 대략적으로 살펴볼 필요가 있다. 현재 보수적 성향을 보이는 사람들의 정치의식의 기원을 살펴보면 세 가지로 분류할 수 있다. 먼저 보수 세력이 위기에 처한 상황 속에서도 초지일관 보수적 정체성을 유지한 경우, 두 번째로 진보 세력을 지지하며 보수 세력과 대립된 입장을 보이던 세력 중에서 보수적 정체성으로 이동한 경우, 세 번째로 정치적 입장이 없던 소위 '무당파'에서 보수파로 이동한 경우이다.

이 책은 진보 세력과 보수 세력 사이의 헤게모니 쟁투 과정이 보수적 헤게모니의 재구축으로 귀결된 이유를 알고자 쓰였다. 그래서 진보 세력의 동원 전략 실패와 보수 세력의 성공, 이 두 현상을 동시에 보여줄 수 있는 대상은 진보적 정체성에서 보수적 정체성으로 이동한 사람들이다. 그래서 이 책에서는 이들에 대한 심층 인터뷰를 진행하여 그 원인을 분석했다.

그러면 이들의 규모는 어느 정도일까? 대통령 선거 결과는 사람들의 정치의식을 보여주는 가장 대표적인 자료이기 때문에 2002년 대선과 2012년 대선 결과에 대한 비교 분석을 하면 전체적인 보수화의 정도와 주요 요인별 보수화의 정도를 파악할 수 있다. 만약 연속된 패널 데이터가 존재한다면 계급, 직종, 연령 등 사회 인구학적 요인에 따른 정치적 정체성 변동의 정확한 수치를 객관적으로 파악할 수 있다. 그런데 그와 같은 자료는 존재하지 않기 때문에 다른 대안을 찾아야 한다.

그래서 여기서는 대선 당시 투표 성향을 사회 인구학적 요인으로 파악할 수 있는 대통령 선거 전후 실시된 여론조사 결과를 자료로 활용했다. 중앙선거관리위원회의 역대 선거통계는 공식 자료로서 투표율과 득표율에 대해 가장 정확한 자료이지만, 비밀투표로 진행하기 때문에 역대 선거통계로 연령 및 계층 등 사회 인구학적 성향에 따른 득표율을 확인할 수 없다. 그래서 불가피하게 여론조사 자료를 활용했다. 다만 여론조사 자료는 오차가 존재하므로 그중에서 가급적 실제 투표결과와 근접한 데이터를 활용했다.

진보에서 보수로의 변화가 두드러지게 나타난 집단은, 세대별로 보면 장·노년층, 직종별로 보면 자영업자, 계급적으로는 하층이다.[17] 따라서 이 대상을 중심으로 살펴본다. 〈표2〉는 장·노년층

표2　2002년 대선과 2012년 대선 연령대별 보수 후보 득표율

2002년 대선 이회창 지지율	20대	30대	40대	50대	60대이상
	34.9%	34.2%	47.9%	57.9%	63.5%
2012년 대선 박근혜 지지율	20대 (19세 포함)	30대	40대	50대	60대
	31.8%	30.1%	46.1%	64.5%	76.8%

자료: 2002년 대선의 경우 MBC-코리아리서치 출구조사, 2012년 대선의 경우 한국갤럽 대선 전날 실시한 여론조사.[18]

세대의 보수화 현상을 파악하기 위해 2002년 대선과 2012년 대선의 세대별 득표율을 정리한 것이다.

2012년 대선 결과를 두고 '50대 보수화'에 대한 말이 운위될 정도로 세대별로 구분해서 볼 때 50대 이상의 보수화는 박근혜 후보의 당선에 결정적이었다. 2002년과 비교해서 보면 2002년 당시 20대(2012년 당시 30대)의 보수 후보 지지율은 2002년 34.9%에서 2012년 30.1%로 오히려 낮아졌다. 2002년 당시 30대(2012년 40대)에서도 보수화 현상이 상당히 나타나기 시작했는데 특히 2002년 당시 40대(2012년 당시 50대)의 경우 47.9%에서 64.5%로 보수 후보 지지율이 급격히 상승했다. 투표로 나타난 표심을 볼 때 2002년과 2012년 사이 장년층 이상의 보수화가 상당한 정도로 이루어졌다는 것을 판단할 수 있다.

그다음으로 2002년부터 2012년까지 자영업자 집단에서의 정치적 변화를 알아보도록 한다. 자영업자는 지역 내의 여론 형성에 있어 중요한 존재이다. 특히 고용시장이 경색되면서 유휴 노동 인력이 자영업으로 진출하는 경우가 많기 때문에 자영업자들의 정치적 선택은 중요하다.

그러면 보수 후보에 대한 자영업자들의 지지율 변화를 살펴보도록 하자. 2002년 대선에서 이회창 후보는 자영업자들로부터 45.2%의 지지를 얻었는데 2012년 박근혜 후보는 54.5%의 지지를 얻었다. 그렇게 볼 때 10년 사이 자영업자 내에서 보수 후보 지

지율은 9.3% 포인트 상승했다고 해석할 수 있다.[19]

그다음으로 계급별 변화의 추이를 살펴보자. 여론조사 응답자의 계급을 파악하기 위해 참고할 수 있는 항목은 소득이다. 그런데 소득 수준은 시간이 지남에 따라 지속적으로 변하기 때문에 앞의 두 가지 추이처럼 10년 사이의 변화를 비교하기 위해서는 소득 변화까지 고려한 구간을 설정해야 한다. 그래서 여기에서는 한국사회과학데이터센터에서 실시한 여론조사를 바탕으로 2013년 작성된 〈민주당 대선평가위원회 보고서〉[20]를 활용한다.

여기서는 2002년과 2012년 각 연도별 통계청 소득 5분위 평균소득을 기준으로 한 저소득, 중간소득, 고소득 등 3개 소득 집단으로 구분했다. 이렇게 하면 시간의 흐름에 따른 소득수준의 변화를 반영할 수 있다. 이를 통해 보면 저소득층의 경우 2002년에는 월소득 150만 원 미만 가정, 2012년에는 250만 원 미만 가정이 이에 해당한다. 이렇게 구분한 2002년 저소득층 보수 후보 지지율은 39%이고, 2012년 보수 후보 지지율은 57.8%이므로 위 자료를 근거로 할 때 10년 사이 저소득층 내에서 보수 후보 지지율은 18.8% 포인트 상승했다고 해석할 수 있다.

여기서 한 가지, 앞에서 장·노년층과 자영업자의 상황을 알아보기 위해 인용한 여론조사 결과는 실제 대선 결과와 사실상 같을 정도였다. 그런데 저소득자의 성향을 알아보기 위해 인용한 2002년 대선 후 한국사회과학데이터센터에서 실시한 여론조사 자료의 경우 이회창 후보 지지율이 40.6%였는데, 이는 실제 득표율인 46.6% 보다 6% 포인트 낮게 나온 결과이다. 그리고 한국사회과학데이터센터가 실시한 2012년 대선 이후 실시한 여론조사 결과는 박근혜 후보가 51%로 실제 결과인 51.6%와 거의 동일했다. 이러한 점을 감안하면 실제 2002년부터 2012년까지 저소득층 내에서 보수 후보 지지율은 18.8% 포인트보다는 약간 낮은 수준에서 상승했다고 추정할 수 있다.

이제까지 2002년 대선과 2012년 대선에서 장·노년층, 자영업자, 저소득층의 보수 후보 투표율을 비교하여 세 집단 내에서 나타난 보수화의 정도를 추정해보았다. 해당 자료에서 보듯 연령, 직업, 소득(계급) 등 사회 인구학적 요인에 따라 분석했을 때 위에 해당하는 대상에서 보수화 현상이 상당히 크게 나타났고 이것이 이 시기 보수주의 헤게모니 재구축 현상을 초래한 핵심 원인이라는 점을 알 수 있다.

평범한 사람들의 말과 마음을 통해 보수화의 속살을 파헤치다

필자는 사람들이 보수화된 이유를 파악하기 위해 진보에서 보수로 정치적 정체성의 변화를 보인 사람들을 심층 인터뷰했다. 여론조사 같은 양적인 자료를 통해 사람들의 전반적인 의식 상태를 파악하는 것은 가능하지만 내밀한 속내를 파악할 수는 없다. 특히 한번 형성된 정체성은 일반적으로 쉽게 바뀌지 않기 때문에 이에 대한 변화가 나타났다는 것은 절대로 간단한 일이 아니다. 이는 당사자에게 상당한 외부 충격이 가해져 심리적 긴장 상태가 나타났고, 이에 대한 해법을 모색하는 과정 속에서 정체성의 변화를 대안으로 선택했다는 것을 의미한다. 이러한 정체성 변화의 내적 메커니즘을 파악하기 위해서는 심층 인터뷰를 통해 당사자의 입장을 내밀하게 파악하는 작업이 필수다.

이 책에서는 총 32명을 심층 인터뷰했다.[21] 먼저 본문에 적시한 인터뷰 대상자의 이름은 모두 가명이며 나이는 2012년 선거가 실시되던 해의 만 나이로 표기했다. 성별로 보면 남성은 17명이고 여성은 15명이다. 그리고 연령의 경우 만 65세 이상을 노년층으로 구분했다. 이는 2014년 7월부터 시행되는 기초연금 수령대상자가 만 65세 이상이며 현재 노인 연령대에 관한 사회적 통념에 부합한다고 판단했기 때문이다.

그리고 55~64세 사이를 장년층으로 구분했다. 노년의 경우 제도적 규정에서 참고할 근거가 있지만, 장년층을 독자적으로 규정하는 기준선은 없다. 우선 장년층은 노년층보다는 아래 연령대이므로 상한선을 64세로 지정했다. 하한선은 55세로 설정했는데, 통상 장년층이라고 하면 50세 이상을 의미하고 2012년 대선 결과에서 50대 후반이 60세 이상과 거의 동일한 정치적 정체성을 보였다는 점에 주목하여 설정했다.[22] 다른 나라의 경우도 55세 이상을 장년층으로 구분해 여론조사를 하기도 한다.[23]

그다음으로 계급 구분에 대해서 살펴보자. 이 연구는 설문조사를 한 것이 아니라 대면 인터뷰를 진행했기 때문에 인터뷰 진행 과정에서 직업, 소득 수준, 주거지 및 소유 형태 등 계급적 기반을 파악할 다양한 근거가 있었다. 여기서 얻은 정보를 2012년에 OECD 기준에 따라 통계청이 발표한 중산층 기준에 대입하여 인터뷰 대상자의 계급을 분류했다. OECD는 가구원 수를 고려한 가처분 소득이 중위값의 50~150%에 해당하는 대상을 중산층으로 분류하는데, 이 자료에 의하면 2012년 통계청 4인 가구 기준 월 가처분 소득은 177~531만 원이고 중위값은 354만 원이며 자산규모는 2억 5,000만 원이다.[24] 그래서 저소득층인 빈곤층은 4인 가구 기준 월 소득 177만 원 이하가 되고 고소득층은 531만 원 이상이 된다. 그런데 소득을 밝히기 거부하는 경우가 있었다. 이 경우는 주거 형태나 주거지역 등 경제적 수준을 알 수 있는 질문에 응답한 내용을 바탕으로 계급을 추정했다.

이 책은 기본적으로 '권력관계가 반영되지 않은 사회 영역은 없다'는 전제를 받아들여 각종 기호의 정치적 의미에 주목하는 문화정치학의 문제의식에 크게 공감한다. 그래서 심층 인터뷰를 통해 확보된 자료를 가지고 보수 세력의 정치 담론이 일반인들에게 의미화되는 과정을 분석하여 보수주의 헤게모니 형성의 메커니즘을 분석했다.

지배 세력의 관념적 표상인 이데올로기는 담론과 같은 물질적인 형태를 통해 의미 전달이 이루어진다.[25] 그리고 담론은 이데올로기 실천이 이루어지는 언어와 상징을 통해서 구체화된다.[26] 그러면 헤게모니 구축을 시도하는 정치 세력들이 사용하는 담론은 어떠한 특성을 띠게 될까? 헤게모니 구축을 위해서는 상대의 전략을 부정적인 것으로 몰고 나의 전략을 긍정화하는 정치 전략이 반드시 필요하다.

이와 관련해서 정치철학자 카를 슈미트Carl Schmitt는 '정치적인 것'의 고유한 본질을 '적'과 '동지'의 구별이라고 갈파했는데,[27] 실제 경쟁하는 정치 세력들이 동원하는 담론은 '우리=친구'와 '그들=적'으로 구분하는 이항대립에 근거한다. 그래서 정치 엘리트의 위로부터의 동원 전략은 '그들'에 대한 적대감 형성을 도모하는 부정적 통합 전략과 이익 공동체로서 '우리'에 대해 정서적·의식적인 일체감을 인식할 수 있도록 하는 긍정적 통합 전략으로 나눠서 살펴볼 수 있다.

이렇듯 담론은 포섭과 배제의 효과를 동시에 담는다.[28] 따라서 대중이 지배층 담론 동원 전략에 동의하게 될 경우 헤게모니가 형성된다. 특히 특정 이데올로기를 담지하고 있는 행위자가 기존 이데올로기를 대체하여 새로운 이데올로기를 내면화하기 위해서는 의미의 동원과 실천의 역동적 과정이 수반되어야 한다.[29]

이 책에서는 이와 같은 구성 방식을 통해 이명박-박근혜 정권의 등장으로 상징되는 보수주의 헤게모니 재형성의 원인을 분석한다. 위기에 처한 평범한 사람들이 진보 세력을 무능하고 대안 세력이 될 수 없다고 판단함과 동시에 보수 세력이 위기에 처한 자신들의 어려움을 해결할 수 있는 유능한 존재라고 인식하는 원인을 살핀다. 그래서 이들이 진보에서 보수로 정치적 정체성을 변경하게 된 원인과 과정을 분석하고자 한다.

1부

사람들은 왜 보수 세력이 국가를 더 잘 운영할 것이라고 생각하는가

1부에서는 '진보는 무능하고 보수는 유능하다'는 인식이 나타나게 된 배경을 살펴본다. 보수 세력이 제기한 '잃어버린 10년'과 '진보 세력은 무능하다'는 담론은 매우 위력적인 효과를 발휘하고 있다. 이와 함께 양극화 및 사회 통합의 위기 상황에서 강하고 유능한 국가를 갈망하는 사회심리가 형성되고 있는데, 이 부분에서 보수 세력이 진보 세력보다 더 인정을 받고 있다. 이는 보수주의 헤게모니 형성에 있어 중요한 지점이다.

이에 대한 분석을 위해 먼저 1장에서는 '진보 세력은 무능하다'는 담론이 형성된 배경을 살펴본다.

보수 세력은 현재 위기의 원인을 진보 세력이 권위주의 국가를 대신할 수 있는 국가를 함양하지 못했다는 점에서 찾고 있다.[30] 이는 '진보 세력 무능론'과 연계된 담론으로 진보 세력이 국가를 책임질 역량이 부족하다는 인식을 형성시킨다. 따라서 '국가 운영 능력'과 관련된 이슈에서 탈진보화가 나타나는 과정을 살펴본다. 2장에서는 보수 세력이 '국가 운영 능력'에 관해 사회적 인정을 받게 되는 원인을 살펴본다. 보수 세력은 위기 극복의 주체로 '국가'를 강조하는데, 국가주의 강화를 위한 전략으로 탈이념적 실용주의와 배제의 정치를 동원한다. 이것의 효과에 대해 알아본다.

1 진보는 왜 무능해 보이는가

'진보 세력은 무능하다'는 보수 세력의 담론에 대해 많은 사람이 고개를 끄덕인다. 현재 진보 세력을 지지하는 상당수의 사람도 내심 이에 동의한다고 할 정도로 '진보 세력 무능론'은 진보의 위기와 보수의 강화를 초래한 가장 핵심적인 요인이다.

이러한 '무능' 담론은 한국의 보수 세력이 반대 세력을 공격하고 자신들의 가치를 높이기 위한 전략으로써 오래전부터 동원한 것이다. 해방 직후뿐 아니라 5.16 군사정변 이후에도 장면 정권의 무능을 쿠데타 근거 중 하나로 내세웠다. 그만큼 '진보' 세력과 반대 세력을 향해 보수는 '무능' 담론을 지속적으로 제기해왔다. 이는 진보를 공격하는 보수의 대표적인 수사학이라고 할 수 있으며,

앨버트 허시먼Albert Hirschman이 200여 년간의 역사적 경험을 바탕으로 도출해낸 위험, 무용, 역효과 등 세 가지 보수의 수사학[31]에 견주어도 손색이 없다는 생각이 들 정도다.

진보를 공격하기 위한 보수의 수사학으로 허시먼이 가장 처음 제시한 것은 역효과 명제이다. 이는 의도하지 않은 효과로 개혁이 대중의 삶을 오히려 악화시킨다는 논리다. 그다음은 무용 명제이며 이는 개혁을 시도해도 체감하는 변화의 의미가 거의 없다는 논리다. 이는 개혁에 대한 무력감 형성을 의도한 것이다. 그다음은 위험 명제로서 개혁을 하게 되면 기존에 성취했던 소중한 가치가 손상되는 위험성이 나타난다는 것이다. 이렇게 볼 때 허시먼이 제기한 세 가지에 더해 무능까지 포함시킨 무능, 위험, 역효과, 무용의 네 가지 담론은 진보 세력을 공격하는 보수 수사학의 완성체라는 생각이 든다.

그러면 사람들은 왜 '진보는 무능하다'고 생각하는 것일까? 먼저 이러한 생각의 핵심 이유 중 하나는 '진보 세력은 유약하다'고 인식하는 것과 관련이 있다. 진보 세력이 유약하기 때문에 위기 상황에서 과감한 대처를 하지 못한다는 것이 이들의 생각이다.

"약해가지고 어디에다 쓰겠어. 암만 봐도 야당 체질이야. 운동권 사람들이 올바른 말은 잘하니까 그건 분명히 쓸 데가 있어. 그런데 약해빠져서 뭘 제대로 하지를 못해. 그게 결정적인 문제야. 일은 여당이 잘하니까 여당보고 하라고 하는 게 맞는 거고, 이 사람들은 약해서 실행 능력은 없지만 그 대신 말은 잘하니까 야당을 하면 되지."

이창혁, 69세

인터뷰에서 보듯 사람들은 진보 세력의 무능함을 '유약하다'는 것과 연계해 인식하고 있다. 여기서는 포괄적인 측면에서 지적한 것이지만, 좀 더 구체적으로 계급적 시각에서 진보 세력의 '유약함'을 무능과 연계해서 인식하는 경우는 다음과 같다.

"옛날에는 자신들이 독재하는 게 마음에 걸리니 문제 있는 재벌이나 이런 특권층을 혼도 내주고 그랬고, 그러니 특권층도 무서워서 함부로는 못했거든. 잘못하면 망하는 수가 있으니까. 근데 지금은 민주화, 민주화 하니까 대통령도 뭐라고 못하잖아. 나도 조그마한 구멍가게 하나 하고 있는데 재벌들이 이런 골목에다 슈퍼마켓까지 열어서 지금 매출이 벌써 30% 정도 떨어졌어. 구청에도 가고 따지고 할 건 다해봤지만 어림도 없어. 민주화가 되어서 살판난 건 힘 있는 사람들이라니까."

문택수, 58세

이 언급에서 보듯 계급적인 시각에서 국가의 역할을 기대하는 경우, 사람들은 진보 세력의 '유약함'이 자신들의 계급 이익 실현에 부정적인 영향을 주는 요인으로 판단한다는 것을 알 수 있다.

그러면 사람들이 '진보 세력은 유약하다'고 생각하는 이유는 무엇인가? 먼저 이에 대한 답을 찾기 위해 진보에서 보수로 정체성의 변화를 보인 심층 인터뷰 대상자 32명이 진보 세력에 보인 태도를 살펴볼 필요가 있다. 정도의 차이가 있지만 이들은 모두 진보에 대해 부정적인 입장으로 바뀐 경우인데, 심층 인터뷰 결과 이들의 태도는 두 가지로 분류된다는 것을 확인할 수 있었다.

첫째, 진보 세력에 대해 '분노'의 감정을 여과 없이 드러내는 경우인데 이들은 진보 세력에 대해 상당한 배신감을 토로한다. 이들은 진보 세력 정치 전략의 '진정성'마저 인정하지 않는 경향이 강하다. 둘째, 진보 세력의 '진정성'을 대체로 인정하고 긍정하는 경우인데, 이들은 전자의 경우처럼 '분노' 및 '배신감'과 같은 태도를 나타내지 않는다. 이들은 진보 세력이 진정성은 있지만 권력의 냉혹한 속성을 제대로 모르는 탓에 진정성을 현실화하지 못한다고 비판한다. 그래서 진보 세력이 적절한 전략을 제시하지 못하여 그들의 의도와 다르게 결과가 좋지 않다는 점을 지적한다. '진보 세력의 유약함'을 문제의 원인으로 인식하는 사람들은 대부분 후자에 속했다. 이들은 "사람만 좋다고 다 해결되는 것은 아니다"(정현철, 47세), "좋은 사람과 일 잘하는 사람은 엄연히 다르다"(문택수, 58세) 등의 언급을 하고 있다.

'좋은 사람'으로 인식된다는 것은 일반적으로 볼 때 긍정적인 의미이다. 그리고 진보 세력 동원 전략의 주요 성격 중의 하나는 바로 '사람 중심주의'였다. 1970, 80년대 사회운동 과정에서 나타난 당시 운동권 세력들의 정서와 태도에는 '진정성(도덕성)'과 '사람 중심주의'의 성격이 강하게 나타난다.[32]

특히 이명박 정권 시기에 진보 세력은 신자유주의 재편과정에서 사회경제적으로 소외된 대상을 위한 전략으로써 '사람 중심주의' 담론을 내세운다. 2009년 11월 4일 당시 이강래 민주당 원내대표는 "이 정부가 강조하는 시장만능주의와 효율성 지상주의 기업 프렌들리 정책에서는 사람 중심의 철학을 찾을 수 없다", "부자와 대기업만 있을 뿐 중산층과 서민과 사회적 약자는 존립할 수 없다"라고 언급하면서 신자유주의적 양극화에서 피해를 받는 대상을 '사람'으로 규정하는 담론을 제시한다. 그리고 2012년 18대 대통령 선거에서 문재인 후보가 내건 대표적 정치적 슬로건도 '사람이 먼저다'였다.

이러한 점을 감안해볼 때 많은 사람이 "진보 세력은 좋은 사람들이다"라고 인식한다는 것은 진보 세력의 정치 전략이 일정 정도 효과를 발휘한 것으로도 해석할 수 있다. 그런데 이와 같은 '사람 중심주의' 담론 전략은 다음과 같은 한계를 내포하고 있다.

"문재인을 보면 답답하죠. 지난 대선에서도 '사람이 먼저다'를 핵심적인 정치 슬로건으로 제시하던데, 이건 우리 학생운동하던 때의 감성과 유사하다는 느낌을 줘요. 물론 그 주변에 학생운동권 출신들이 많으니까 그 바운더리에서 벗어나는 게 쉽지는 않겠죠. 그렇지만 국경을 넘어 전 세계 국가와 기업 들과 치열한 생존경쟁을 벌이고 있고, 우리 사회 내부에 많은 문제점이 쌓여가는데, 이런 문제들을 단호하면서도 실질적으로 해결할 수 있는 리더의 모습을 보여줘야 하는데, 지나치게 뜬구름 잡는 듯한 느낌, 그리고 심하게 말해 싸구려 감성에 호소하는 얕은 정치적 기술로 보이죠."

윤광혁, 53세

여기서 보듯 사람들은 진보 세력의 '사람 중심주의'와 '유약함'을 접합하여 인식한다. 경제적 양극화와 사회 통합의 위기에 대해 적극적이면서도 강력한 대처를 선망하는 사람들은 진보 세력의 '사람 중심주의'를 부정적으로 평가한다. 또한 '진보 세력 유약함'은 진보 세력이 강조하는 탈권위주의론과 맞물리면서 더욱 강화되는 양상을 보인다.

일반적으로 사람들은 권위주의에 대해 부정적으로 인식한다. 그렇지만 사람들이 정치적 권위에 대해서도 부정적으로 평가한다고 할 수 있을까? 그렇지 않다는 것을 단적으로 보여주는 예가 바로 박정희 신드롬이다. 이는 카리스마적 리더십에 대한 대중적 향수를 보여준다. 여기서 박정희 신드롬은 권위주의 체제에 심정적으로 우호적인 사람들의 집단적 정서에 불과하다는 반론이 제기될 수 있다. 그런데 이와 같은 비판은 '박정희 신드롬' 안에 '독재 자체는 비판받아야 하지만 정치적 권위 자체는 중요하다'고 판단하는 사람들이 존재한다는 점을 세밀하게 포착하지 못한 것이다. 그래서 권위주의는 문제가 있지만 정치적 권위는 필요하다는 대중적 인식이 나타난다. 그렇다 보니 노무현 대통령의 탈권위주의를 긍정적으로 평가하는 사람들도 이것이 권위 자체를 무력화하여 결과적으로 리더십과 질서를 와해시켰다는 부정적 평가를 동시에 하기도 한다.

진보 진영에서도 정치적 권위의 필요성을 뒤늦게 깨닫고 있는 것으로 보인다. 한때에는 당내 민주화가 절대적인 가치로 인식되었는데, 지금은 이것이 야당의 근본적인 문제로 지적되는 약한 리더십을 초래한 근본 원인으로 지목되기도 한다. 참으로 격세지감이라고 하지 않을 수 없다.

"내가 학교 다닐 때의 시대적 분위기에 적응이 되어 그런지 몰라도 난 권위주의에 대해서는 본능적으로 거부감을 느끼게 돼요. 억압적인 분위기는 생각만 해도 싫습니다. … 그런데 빈대 잡으려고 초가삼간 태운다는 말처럼, 권위주의 잔재를 청산하겠다고 권위 자체를 부정하는 것은 바람직하지 않아요. 권위가 없으면 그 조직은 모래성처럼 무너지게 돼요. 오합지졸로 무슨 일을 할 수가 있겠어요? 지금 민주당이 저 모양 저 꼴인 건 권위주의를 청산한다고 하면서 권위까지 청산해버린 탓이에요."

사람들은 권위주의를 부정적으로 평가하지만 권위 자체를 부정하거나 배제하지 않는다. 오히려 권위를 사회 질서와 정치 생산성을 가져올 수 있는 요인으로 판단한다. 진보 세력의 탈권위주의에 대한 강박적 태도는 권위 자체를 부정하는 방향으로 나아갔고 이것이 정치 무능으로 이어지는 악순환의 고리가 되었다. 이는 의도하지 않은 결과인데, 진보 세력 입장에서는 매우 뼈아픈 일이라 할 수 있다.

최장집은 진보 세력이 권위주의 정권에 저항하는 과정에서 권위 자체를 부정하는 성향을 갖게 된 측면이 있다고 지적하면서, 권위 자체는 사회적 질서 유지 및 민주주의의 제도적, 사회문화적 착근을 위해 필요하다는 입장을 밝힌다.[33] 이렇게 볼 때 진보 세력의 탈권위에 대한 강박적 태도는 권위 자체를 약화하여 정치 본연의 역할을 제대로 수행하기 힘든 상황을 초래했다고 할 수 있다. 그리고 이는 '진보 세력의 유약함'과 맞물리면서 '진보 세력 무능' 담론 형성에 중요한 원인이 되었다고 평가할 수 있다.

진보는 정말 실용적이지 못한가

그다음으로 '진보 세력은 무능하다'는 인식 형성에 영향을 준 또

1부 사람들은 왜 보수 세력이 국가를 더 잘 운영할 것이라고 생각하는가 **41**

다른 원인은 '진보 세력은 실용적이지 못하다'는 담론이 확산된 것에 있다. '진보 세력 비실용론'은 다음 두 가지 차원으로 나누어 살펴볼 수 있다. 먼저 진보 세력이 이념적으로 경직되어 인식과 태도가 현실에 기초하지 않고 관념적 성향이 강하다고 판단하는 경우, 그다음으로 실천이 수반되지 못한 정치적 수사가 과잉되었다고 판단하는 경우이다.

그러면 먼저 첫 번째 경우를 살펴보도록 하자. 보수 세력은 시대적 여건이 변했음에도 불구하고 진보 세력의 주축인 1970, 80년대 사회운동 세력들이 사회운동 시절에 견지하던 이념과 전략을 고수하고 있다는 것이 문제의 원인이라고 지적한다.[34] 그래서 진보 세력은 과거청산과 편가르기에 몰두한 결과 국론을 분열시키고 있으며 평등을 지나치게 중시하여 성장을 도외시한 결과 하향 평준화를 초래했다고 지적한다. 이와 같은 상황 때문에 국가 역량이 약화되고 있다고 보수 세력은 파악한다. 그리고 사람들 역시 보수 세력과 비슷한 판단을 하고 있다.

"보수도 여러 문제가 있지만 자신들의 한계를 인지해서 그런지 변하려는 노력은 많이 보여줘요. 그런데 진보를 내세우는 사람들이 따지고 보면 더 완고해. 변하려고 하지를 않아. 자신들이 젊을 때 견지한 이념, 태도에서 벗어나려고 하지를 않아. 어떻게 보면 변하는 게 두려운 것일 수도 있고. 변할 수가 없는 것일 수도 있지. 그것밖에 아는 게 없으니까."

　　진보 세력의 이념적 경직에 관해 여러 명이 문제를 제기했지만, 위에서 언급된 박철훈의 발언은 날카로운 문제의식을 담고 있다. 이 발언은 진보 세력이 현재 당면한 위기를 극복하기 위한 능력이 부족하기 때문에 과거의 관성에 따라 대처한다는 점을 지적한다.

　　이와 관련해 보수 세력은 진보 세력에 대한 대대적인 역공에 나선다. 원래 '수구'라는 담론은 진보 세력이 보수 세력에 대한 부정적 인식을 형성하기 위해 동원한 것이다. '수구' 담론은 오랜 기간 보수의 또 다른 이름으로 불릴 정도로 상당히 위력적인 효과를 발휘했다. 그런데 진보가 보수를 공격할 때 일종의 전매특허처럼 사용했던 이 '수구' 담론을 이제는 보수가 진보를 공격할 때 사용하기 시작한 것이다.

　　18대 대선 과정에서 2007년 11월 20일 정동영 후보가 한나라당에 대해 '수구 냉전'이라고 공세를 펴자, 이에 한나라당은 '수구 좌파 진보론'으로 대응했다. 이는 진보 세력의 철학과 태도가 오히려 '수구적'이라고 역공한 것이다.[35] 전세가 역전되어 진보 세력이 독점하던 '수구' 담론을 보수 세력도 활용하기 시작했음을 보여준다. 그만큼 진보 세력의 이념적 경직성은 현재 위기 극복을 위한 대안 창출에 부정적인 영향을 준다는 점을 알 수 있다.

1부 사람들은 왜 보수 세력이 국가를 더 잘 운영할 것이라고 생각하는가　43

그다음으로 살펴볼 것은 실천이 담보되지 않은 정치적 수사의 과잉과 관련된 문제점이다. 보수 세력은 진보 세력에 대해 '말은 잘하지만 이것을 현실화할 실제적인 능력은 없다'고 비판한다.[36] 이는 진보 세력이 문제 제기 능력은 있지만 이념만 앞세우는 관념론적 성격이 강하기 때문에 구체적인 대안을 제시할 능력은 없다는 점을 지적하는 것이다. 그래서 진보 세력의 개혁은 사회적 안정을 해칠 뿐만 아니라 오히려 해를 끼치기 때문에 역효과를 낸다고 주장한다. 이는 실질적인 처방을 통해 문제 해결을 지향하는 사람들에게 큰 실망감을 주며 진보 세력의 국가 운영 능력에 사회적 회의감이 형성되는 데에도 중요한 요인으로 작용한다.

"말만 많고 할 줄 아는 일이 없더라. 난 진보 세력의 가장 큰 문제가 바로 무능에 있다고 봐. 야당에 있거나 운동권일 때는 비판만 할 줄 알면 되지만 정권을 잡으면 그만한 책임감과 능력을 보여줘야 하는 것 아닌가? 그런데 전혀 그렇지 못하더라고. 직장 생활도 했고 조그마한 가게를 운영하고도 있지만 내가 50 평생 살면서 가장 대책 없는 사람은 말만 많지 실상은 무능한 빈껍데기 같은 경우야. 무능한데 이념이 무슨 소용이 있나?"

황훈희, 53세

여기서 주목해야 할 점은 황훈희의 발언에서도 보이듯이 보통 진보 세력의 무능을 언급할 때 '시끄럽고'라는 말이 함께 언급된다는 사실이다. 이와 연관된 내용으로 2014년 6월 지방선거 결과에 대한 손낙구의 분석은 의미가 있다. 손낙구는 민주당 정권 10년 이후 형성된 진보 세력에 대한 인식이 '시끄럽고 무능하다'는 것이었다고 말한다. 그러나 박원순 시장은 그와 다른 모습을 보여주면서 보수 세력의 기반인 강남 3구에서도 선전했다는 평가를 했다.[37] 그만큼 사람들이 실천과 실질을 중요하게 인식한다는 점을 알 수 있다.

그리고 '말만 많고 무능하다'에서 '말만 많고'와 '무능하다'는 병렬적으로 보이기도 하지만, 사실상 인과관계에 있다. '말'은 진보 세력의 주요 동원 수단이자 전략이다. 진보 세력은 장기간에 걸친 사회운동 과정 속에서 수많은 논쟁과 토론을 통해 탄탄한 대안적 논리의 틀을 형성할 필요가 있었다. 그래서 말이 많다는 것은 진보 세력의 역사적 배경 속에서 자연스럽게 형성된 능력이라고 할 수 있다.

그런데 이러한 '말'과 관련해서 '시끄럽다'는 표현을 결부시킨 것은 결국 진보 세력에 대한 부정적 인식을 형성하기 위한 보수 세력의 전략과 관련 있다. '시끄럽다'는 담론에는 비실용적, 무책임성, 비현실성 등 진보 세력에 대한 대중의 실망감이 내포되어 있는 것으로 볼 수 있다.

사실 일반적으로 한국인은 '말수가 적지만 묵묵하게 자기 일을 성실히 수행하는 사람'을 모범적인 대상으로 판단한다. 이를 푸코적 시각에서 이해하면 조직 논리에 순응하는 존재를 긍정화하는 규율 권력의 논리가 작동하는 것으로 이해할 수 있다. 그래서 '시끄럽고 무능하다'는 표현은 진보 세력의 전략적 무기인 '말'이 결국 아무런 효과가 없는 공수표라는 인식을 형성한다. 그리고 민주적 해결 방식에서 수반되는 불협화음과 시간 지체 등의 현상은 과거 권위주의적인 방식과 비교해볼 때 비효율적으로 보일 수 있으며 이는 '진보 세력은 무능하다'는 인식으로 이어진다.

보수 세력의 종북 담론, 단순한 반공 담론이 아니다

그다음으로 살펴볼 부분은 '종북' 담론이다. '진보 세력 무능' 담론을 다루는 이 장에서 '종북' 담론을 살펴보는 것에 대해 의아하게 생각할 수 있다. 그러나 보수 세력의 '진보 세력 무능론'이 '종북' 담론과 연계되면서 유포된다는 점은 주의 깊게 보아야 한다.

먼저 '종북' 담론이 나오게 된 배경을 잠시 살펴보도록 하자. 보수 세력이 적극적으로 동원하고 있는 '종북' 담론은 사실 진보 진영에서 시작되었다. '종북'이라는 용어는 2002년 대선을 앞둔 2001년 11월 21일 민주노동당이 사회당과 통합을 시도할 당시, 사회당 대표였던 원용수가 민주노동당 내 일부 NL 세력의 북한에 대한 추종 논리를 비판하는 과정에서 처음 제기되었다.[38]

이것이 대중적으로 알려지게 된 것은 2008년 민주노동당 분당

과정에서 PD 계열의 정치인 조승수가 민주노동당을 탈당하면서
당시 민주노동당 내 NL 강경파를 비판할 때 '종북' 담론을 제기한
이후부터다. 특히 2008년 촛불집회와 리먼 사태 이후 나타난 경
제 위기 등으로 궁지에 몰린 보수 세력이 위기 극복을 위한 정치
전략으로 '종북' 담론을 활용하면서 현재에 이르게 된다.

북한에 끌려 다닌다는 의미를 담고 있는 '종북從北' 담론은 대북
접근에 있어 전략적 인내를 강조하는 진보 세력의 자세와 의도를
굴욕적인 것으로 규정한다. 이는 2007년 남북정상회담에서 노무
현 대통령이 했던 발언에 대해 보수 세력이 공세를 퍼부은 것에서
알 수 있다. 그리고 북핵 문제, 북한의 3대 세습, 이석기 사건 등으
로 북한에 대한 국민적 반발심리가 조성되면서 종북 담론의 사회
적 확산이 이루어졌다고 할 수 있다.

그러면 종북 담론과 진보 세력 무능론은 어떠한 관계가 있는가?
보수 세력은 종북 담론을 통해 대북강경정책에 대한 사회적 동의
를 얻는 것과 동시에 진보 세력의 국가 운영 능력에 회의감을 조
성하려고 한다. 보수 세력은 북한이 일련의 강경 행보를 한 탓에
대북 여론이 악화된 것을 이용하여, 진보 세력의 대북 정책을 비
현실적인 낭만주의, 감상주의, 유약함 등의 개념과 결부하여 비판
하고 있다.

복거일은 현재 한국 사회의 근본적 문제점은 어려운 시절을 개
척하면서 형성된 창조적 도전 의식의 기반인 야성野性이 사라진

것에 있다고 말한다.[39] 그러면서 북한의 군사적 대남공세에 대해 군사적 맞대응을 반대하는 것은 야성을 잃은 한국 사회의 대표적 징후라고 주장한다. 복거일은 대북유화론을 사회의 건전한 기풍을 흔드는 행위로서 인식하는 것이다. 이러한 인식은 대중에게도 나타난다.

"가만 보면 진보 쪽 사람들은 순진한 것 같기도 하고. 어떻게 보면 바보 같기도 하고. 북한에만 가면 온갖 좋은 말은 다 들으니까 뭔가 일이 될 것처럼 흥분해서 간도 쓸개도 다 갖다 줄 것처럼 하는 걸 보면 아주 가관이라니까. 북한이 어떤 집단인데, 다 속으로 계산하고 그러는 건데. 그것도 모르고 … 쯧쯧 그렇게 현실감 없고 흐리멍텅하니 내치라고 잘할 일이 있나. 그 모양 그 꼴인데."

오수택, 57세

일상생활에서도 사람들은 자기만의 관념에 함몰되어 무리한 행동을 하는 사람에 대해 부정적 평가를 할 때, "비현실적이다"라는 직접적인 표현을 쓰거나 혹은 "낭만적인 생각이네"라는 우회적인 표현을 쓴다. 하물며 국가를 책임지는 정치 세력에 대해 위와 같은 평가가 확산된다는 것은 해당 정치 세력에게는 치명적 사안이 된다. 그러므로 종북 담론을 매개로 하여 진보 세력에 대해 위와 같은 인식이 유포되는 것은 유의해서 살펴보아야 한다.

그다음으로 종북 담론은 '진보는 유약하다'는 인식을 강화하는 요인으로 작용한다. 앞에서도 설명했듯이 '진보 세력 유약함'은 '진보 세력은 무능하다'는 것과 관련이 깊다. 그렇게 볼 때 진보 세력을 상대로 한 '종북' 담론은 연쇄적으로 '진보 세력 무능' 담론 형성에 중요한 영향을 주는 것이다.

"북한에도 저렇게 질질 끌려다니는 게 진보 세력 아닙니까? 이런저런 논리고 뭐고 상관없이 목소리 크고 힘센 사람에 주눅 들어 제대로 말도 못하는데, 마찬가지로 재벌과 여러 특권층에게 자신의 입장을 낼 수나 있겠어요? 제대로 제압하려면 힘이 있어야 하는데 북한한테 끌려다니는 거 보세요. 제대로 할 수 있는 게 있나."

이영숙, 48세

여기서 보듯 '종북' 담론은 '진보 세력은 무능하다'는 사회 인식 형성에 매우 중요한 매개를 한다. 과거의 반공주의는 북한을 물리적, 사상적으로 위험한 대상으로 설정했다. 그러나 1990년대 중반부터 북한의 경제난과 북한 정치체제의 경직성이 심화되자, 북한을 위험한 대상으로 인식하는 것을 넘어 계몽과 훈계, 훈육의 대상으로 파악하는 단계로까지 이어진다. 그런데 보수 세력은 북한의 이와 같은 속성을 진보 세력이 제대로 인식하지 못하고 북한에 끌려다니는 정치적 무능함을 보인다고 비판한다. 그래서 한국

이 실패한 국가로 전락할 위험에 처해 있다는 것이 보수 세력의 논리이다.[40]

여기서 보듯 '종북' 담론은 '진보 세력은 국가 운영 능력이 부족하다'는 인식 형성을 목적으로 하고, 이는 상당한 효과를 발휘하고 있다. 이처럼 최근의 '종북' 담론은 반공, 반북주의를 주입하거나 강조하는 것만을 목적으로 하지 않는다. 오히려 그보다는 진보 세력을 향한 유약함, 무능함과 같은 부정적 인식을 형성시키는 정치사회적 효과를 내고 있다.

여기서 유의해서 살펴볼 부분은 사람들이 언급하는 '종북'의 개념은 상당히 확장되어 있다는 사실이다. 무엇보다 심층 인터뷰 과정에서 가장 놀랐던 부분은 인터뷰 대상자 32명 모두가 종북 문제를 많이 언급했다는 사실이다. 사실 필자는 이 인터뷰를 하기 전까지 보수 세력의 '종북' 공세는 자신들의 '집토끼'라 할 수 있는 전통적인 보수 세력 지지자들을 결집시키는 것 외에 효과가 없으며, 오히려 낡은 반공주의를 연상시키기 때문에 젊은 층과 중도층의 반발을 초래하는 정치적 악수라고 생각했다. 그런데 막상 사람들을 인터뷰해보니 예상과는 다른 면이 있었다. 사람들은 경제적, 안보적 이유 외에 태도 및 윤리적 문제 등 다양한 불만을 보수 세력의 '종북' 담론에 접합하고 있었다.

이처럼 종북 담론에서 보듯 특정 담론에 다양한 의미가 연계되어 있는 경우 맥락 분석을 통해 실질적인 의미를 파악하는 것이 필수다. 지배층의 담론 전략은 일반 행위자들의 의식화를 목적으로 하기 때문에 담론 생산자의 의도가 최대한 자연스럽게 작용될 수 있도록 다양한 테크닉이 동원된다. 그리고 사람들은 지배 세력의 담론에 자신의 내적 욕망을 접합하기도 한다. 이러한 점을 제대로 파악하기 위해 담론의 '맥락'에 대한 분석이 필요하며, 이로써 종북 담론이 '진보 세력은 무능하다'는 인식을 형성한다는 것을 알 수 있다.

2 보수 세력의 '강한 국가주의' 담론이 통하다

국가를 외면한 진보, 보수에게 골문을 내주다

한국의 근대화는 압축적으로 이루어졌다. 최근의 신자유주의적 재편 역시 상당히 속도감 있게 이루어지고 있다. 그만큼 한국 사회는 역동적이고 유동적인 성격이 강하며, 이로 인하여 사회변동의 과정에서 필연적으로 생성되는 각종 사회 문제가 늘고 있다. 그러나 이 문제를 해결하는 데에 있어 주도적인 역할을 해야 하는 정치는 적어도 생산성 측면에서 볼 때 상당히 부정적인 평가를 받고 있다. 특히 노무현 정권 시절에 각종 정치 담론이 과잉되었지만 실질적 조치는 그에 따라가지 못했다. 이는 정치 불신을 가중시키는 요인이 되었다.

그렇다고 이것이 정치 무관심으로 수렴되는 것은 아니다. 1987년 민주화 이후 지속적으로 투표율이 하락하여 정치 무관심에 따른 민주주의 대표성의 위기가 지적되기도 했지만, 2012년 18대 대선에서 투표율이 급상승하여 정치 불신이 무관심으로 반드시 귀결되지 않는다는 것이 확인되었다. 결국 정치를 불신하는 사람들은 새로운 대안을 찾는 것으로 이해할 수 있다. 그리고 이는 강력한 정치적 리더십에 대한 열망으로 이어진다.

> "예나 지금이나 세상이 복잡하고 혼란하면 믿을 수 있는 것은 국가밖에 없어요. 국가가 바로 서야 국민도 안심할 수 있는 거고, 국가가 잘해야 국민들이 행복할 수 있는 겁니다."
>
> 이창혁, 69세

이창혁뿐만 아니라 인터뷰에 응했던 사람들 대부분이 위기 해결의 주체로서 국가를 염두에 두고 있었다. 이처럼 국가를 중시하고, 국가를 위기 극복의 주체로 파악하는 사회적 인식은 상당히 광범위하게 형성되어 있다고 판단할 수 있다.

이러한 상황 속에서 보수 세력은 위기 극복을 위해 국가주의 강화를 내세운다. 국가주의statism는 국가가 시민사회와의 관계에 있어 힘의 우위를 통해 주도권을 갖는 것을 의미한다.[41] 그리고 국가주의는 근대 국민국가의 정치사회적 통합을 이루기 위한 목적에서 제기되는 지배 이데올로기이며 한국의 경우 산업화 과정에서 동원된 핵심 지배 이데올로기 중 하나였다.[42] 이처럼 한국의 국가 주의는 근대 국민국가 성립과 산업화의 역사적 전개 과정에서 형성된 것이라고 할 수 있다.

그런데 1987년 민주화 이후 권위주의 국가 권력의 억압적 성격에 대한 비판이 제기되었고 개인의 자유를 강조하는 자유주의 풍조가 사회문화적으로 확산되면서 국가주의는 약화되기 시작했다. 그리고 진보적 자유주의 성향의 김대중-노무현 두 정권은 정치 동원 전략 차원에서 이를 활용하지 않았기 때문에 국가주의의 약화는 가속화되었다.

그렇지만 뉴라이트 운동이 본격화되고 이명박-박근혜 정권이 등장하면서 국가주의는 보수 세력 동원 전략의 핵심적 요소로 재등장하게 되었다. 그러면 보수 세력이 국가주의를 강조하는 이유는 무엇인가? 그리고 1987년 민주화 이후 점차 약화되었던 국가주의가 재부상하게 된 시대적 배경은 무엇인가?

먼저 보수 세력은 진보 세력에 의해 국가 능력이 약화된 것이 현재 위기의 근본적 원인이라고 진단한다. 국가 능력은 일반적으로 두 가지 측면에서 가늠해볼 수 있다. 첫째는 안보, 치안과 관련된 부분이다. 그리고 둘째는 사회적 갈등 해소를 위해 각종 유·무형의 자원을 효과적으로 동원하는 것과 관련된 부분이다. 그런데 보수 세력은 진보 세력이 대북유화정책과 탈권위주의 노선을 과도하게 추진하여 결과적으로 국가 능력의 약화를 초래했다고 판단한다.

그러므로 보수 세력은 위기를 극복하기 위해 무엇보다 국가 능력 회복 및 강화가 필요하다고 주장한다. 한국 보수주의 성격을 '부국강병'으로 규정한 함재봉은 사회진화론적 사고를 현실주의적 인식으로 평가한다.[43] 그리고 국제적 냉전 해체 이후 격화된 국가 간의 경쟁 속에서 한국이 생존하고 발전하기 위해서는 현실주의로 무장하여 '부국강병'을 내세우는 보수주의적 처방이 필요하다고 주장한다.

그리고 이상우는 격변하는 국제 질서 속에서 생존해야 하는 한국의 현실을 고려할 때 국내의 빈부 격차 및 사회 통합의 위기는 국가 능력을 약화시키는 중대한 요인이므로, 이에 대한 적극적인 대처를 통해 국가 능력을 향상시키는 것이 필요하다고 주장한다.[44] 이렇게 볼 때 보수 세력은 위기 극복의 주체로서 '국가'와 '국가 능력의 강화'를 중요하게 인식하고 있음을 확인할 수 있다.

이러한 인식은 대중에게도 나타난다. 유강택은 외환위기 이후 사업을 시작하여 나름대로 성공한 사람이다. 유강택은 대학 시절 학생운동도 열심히 한 인물로, 지금도 진보 세력에 애정이 있었다. 그런데 유강택은 국가 경쟁력에 대한 보수와 진보의 태도를 비교하며 진보 대신 보수를 지지하게 되었다고 말한다.

"과거 제국주의 시절에는 총칼로 무자비하게 침탈했지만 지금은 그런 시대가 아니잖아요. 그런 면에서 지금은 총성 없는 전쟁이라고 할 수 있는데, 이게 더 무서운 겁니다. 특히 우리처럼 수출로 먹고사는 나라는 대외적 변수에 취약하기 마련입니다. … 보수는 국가의 생존과 능력을 중시해요. 우리의 현실을 냉철하게 보고 있는 거죠. 그런데 진보는 어떻게 보면 우물 안 개구리라고나 할까. 전쟁과도 같은 국제경제 현실을 모르니, 국가 경쟁력에 대한 인식 자체가 없어 보여요."

유강택, 54세

사실 진보 세력은 국가 혹은 강한 국가를 억압적 실체로서 인식하는 경향이 있다. 이는 반독재 민주화 운동과정에서 형성된 진보 진영의 일반적인 정치 성향이다. 그리고 현재 진보 진영 전반에 걸쳐 상당한 영향력을 행사하는 소위 친노 세력의 경우 노무현 대통령의 탈권위주의를 그의 가장 중요한 업적으로 판단하는데, 위의 두 요인이 결합되면서 대중은 진보 세력이 '국가 능력'보다 '국가의 민주적 재편'에 관심을 두는 것으로 이해하는 경향이 있다. 결과적으로 진보 세력은 '국가'와 '국가 능력'에 대한 담론을 보수 세력에게 내준 셈이다.

유능한 보수의 탄생

'보수 세력은 유능하다'는 사회적 인식이 형성된 원인은 국가주의가 위기 극복의 새로운 대안으로 부각된 것과 관련이 있다. 그리고 보수 세력은 이 같은 분위기 속에서 국가주의를 강화하기 위한 구체적인 전략을 제시했고 이는 효과를 발휘했다.

우선 국가주의는 민족주의와 유사하게 2차적 이데올로기로서의 성격을 띠기 때문에 지배 이데올로기로서 기능하는 방식은 대부분 다른 이데올로기와의 접합 속에서 이루어진다. 국가주의는 강한 국가, 국가의 능동성, 국가의 주도성 등을 함의하고 있는데, 이는 다른 이데올로기의 성격을 보완하거나 강화하는 역할을 한다. 이와 관련해서 여기에서는 보수 세력이 제기하는 '탈이념적 실용주의'와 '종북' 담론이 국가주의와 접합되는 방식과 이것의 효과에 대해서 살펴보려고 한다.

먼저 보수 세력은 국가주의와 탈이념적 실용주의를 접합한다. 보수 세력은 국가 주도 경제 발전을 추진하던 시절에도 실용주의를 지배 이데올로기의 하나로 강조한 바 있다. 무엇보다 박정희는 실학사상을 중시했다.[45] 또한 사회운동 세력을 사색당쟁을 일삼은 관념적 성리학자들에 빗대고 자신을 과학 및 군사력을 통해 나라를 구한 이순신에 비유하는 등 전통을 활용한 통치 전략을 구사했다.[46] 그리고 이와 같은 담론 전략에는 '진보 세력이 관념적이고 허위의식에 빠져 있어 국민의 삶과는 관계없는 것에만 관심을 갖는다'는 것과 '보수 세력은 국민 실생활에 도움이 되는 실용적인 부분에 관심을 갖는다'는 이항대립적 프레임이 내재되어 있음을 알 수 있다.

이처럼 산업화 세력은 정치적 정당성을 확보하는 데에 실용 담론을 활용했다. 그렇게 볼 때 김대중이 1967년부터 박정희 정권에 대항하여 '서생적 문제 인식과 상인적 현실감각'이라는 담론을 제시하고 실사구시 노선을 강조한 것은 이와 같은 박정희 정권의 정치 동원 전략에 대항하는 의미를 담고 있다.

이와 같은 실용주의는 신자유주의 재편 과정 속에서 보수 세력의 담론 전략으로 다시 강조되기 시작한다. 정파를 떠나 한국 정당정치에 대한 부정적 인식이 광범위하게 퍼져 있는 것은 명백한 사실이다. 그리고 그 핵심 원인은 국민들의 삶과 직결되는 사회경제적 이슈가 제대로 정치 의제화되지 못하는 것에 있다. 이런 현상에 대해 보수 세력은 진보 세력에 책임론을 제기하면서, '진보 세력이 국민의 삶과 무관한 이념적으로 편향된 이슈에만 관심을 두어 서민 경제를 파탄냈다'고 주장한다.

한나라당이 2006년에 발행한 자료에는 "노무현 정부의 정책 실패는 '서민 경제 파탄'이라는 말로 집약할 수 있습니다. 어려운 민생을 뒤로하고 편향된 이념 코드에 사로잡혀 실속 없고 허구적인 개혁의 구호만 남발한 지난 3년의 국정 운영 결과는 중산층의 붕괴와 빈곤층의 양산이었습니다"라는 언급이 있다.[47] 이러한 인식은 사람들에게도 확인할 수 있다.

"386 세력들은 과거 운동권 시절의 정서와 인식에서 벗어나지 못해 정권을 잡은 뒤에도 서민들이 실제로 원하는 것을 하지 않고, 자기들이 원하는 것만 하게 된 거예요. 아니 상식적으로 산 사람이 먼저 살고 봐야지, 맨날 억울한 과거 문제만 해결하겠다고 하면 되겠어요? 서민 경제와 민생을 먼저 챙기고 해결한 후에 그런 문제도 할 거면 해야 하는데, 우선순위가 잘못되어도 한참 잘못된 거예요."

윤광혁, 53세

진보 세력이 과거 문제에 얽매여 당면한 서민 경제 문제를 소홀히 하고 있다고 판단하는 사람들은 상당히 많았다. 이와 같은 상황에서 보수 세력은 이념적 편향성을 뛰어넘은 실용적 접근이 필요하다는 점을 강조했다. 2008년 1월 14일 당시 이명박 대통령 당선자는 신년 기자회견 모두 발언에서 차기 정부를 '실용주의 정부'라 강조했고, 2월 25일 취임사에서는 '이념의 시대를 넘어 실용의 시대로'라는 담론을 제시했다. 그리고 박근혜 정권의 핵심 국정 목표인 '창조경제' 역시 탈이념적 실용주의의 역사적 맥락 속에 있다.[48]

이처럼 보수 세력은 2000년대 중반부터 탈이념적 실용주의를 지속적으로 강조하기 시작한다. 이는 이항대립의 프레임 속에서 민주화 세력을 '국민 생활과 무관한, 관념적이고 낡은 이념에 사로 잡힌 세력'으로 규정하고 자신들을 '국민 실생활에 도움이 되는, 실용주의를 신봉하는 정치 세력'으로 규정하는 것이다.

여기서 한 가지 주목할 점은 보수 세력의 경우 진보 세력을 상대로 '이념에 경도되어 있다'는 공세를 펼치며 자신들은 '이념에 구애받지 않거나 혹은 이념을 내세우지 않은 채 민생을 중시하는 실용주의 세력'이라는 담론 전략을 내세운다는 점이다. 이처럼 보수 세력의 '실용주의'는 '탈이념'과 동시에 강조되고 있다.

'탈이념'은 사회주의 붕괴에 따른 '마르크스주의의 현실적 패배'와 '시장의 승리'라는 두 가지 시대적 상황이 맞물리면서 나타난 것이다. 프랜시스 후쿠야마Francis Fukuyama가 《역사의 종말》[49]에서 강조한 것도 비슷한 맥락에서 이해할 수 있다. 그렇게 볼 때 사실상 '탈이념'은 그 자체가 '자유주의'와 '시장주의'를 기본 이념으로 전제한다고 볼 수 있다. 그만큼 신자유주의 확산에 장애가 될 수 있는 이념적 방어막은 와해된 것이다.

이와 같은 신자유주의는 시장의 효율성을 통해 생산성 강화에 초점을 맞추고 있기 때문에 시장 확산의 장벽을 제거하는 것을 실용의 논리로 합리화한다. 이로써 사회 전반적인 운영 원리로 효율성을 강조하며 전문가와 엘리트의 통치 및 의사결정을 강조한다. 그래서 주요 국가기구에 대한 관료적 지시 체계를 선호하는 경향이 나타나게 된다.[50]

더군다나 현실 속에서 신자유주의가 구현되는 방식을 보면 국가의 역할이 약화되는 것이 아니라 오히려 국가의 효과적인 개입이 가능하도록 재구성되는 모습이 나타난다. 신자유주의 체제하의 국가는 자본축적을 더욱 용이하게 하기 위해 사회정책을 조정하고 규제를 완화하는 등 적극적으로 시장과 사회에 개입한다.[51] 변화된 여건에 맞게 역할을 조정하는 것이다. 이처럼 신자유주의는 고전적 자유주의와는 정반대로 강한 국가 개입을 통해 시장 원리를 관철하고 있기 때문에 강력한 주권을 전제로 한다.[52] 따라서 탈이념적 실용주의와 국가주의는 상호 접합되기 쉽다.

그러면 이것이 한국의 현실에서는 어떻게 나타나고 있는가? 한국은 외환위기 이후 신자유주의 재편이 빠른 속도로 이루어졌다. 그리고 외환위기 극복 과정에서 국가의 역할은 오히려 강화되었다.[53] 이러한 여건에서 보수 세력은 앞서 언급한 '국가주의'와 '탈이념 실용주의'를 접합해 대중을 상대로 동원 정치를 시도했다.

그리고 시장주의 효율성을 강조하는 보수 세력이 굳이 '실용주의'라는 표현을 사용하는 것은 한국 국민의 일반적인 정서에 호소하는 담론 전략을 구사하는 것이라고 평가할 수 있다. 특히 '실용'과 유사한 '실리'라는 담론과 비교해보면 그 의미가 더욱 두드러진다. 우선 '실리'는 물질적 이해관계만이 강조된 담론이다. 이에 비해 '실용'은 객관적 이익의 관점에서 이루어지는 인간 행위 전반을 가리킨다는 점에서 '실리'보다 좀 더 추상적으로 높은 개념이다. 그렇게 볼 때 '실리'는 물질적 측면에 한정되어 있고 '실용'은 정신적 측면까지 포괄한다고 할 수 있다. 그렇게 볼 때 '실용주의' 담론를 강조하는 보수 세력의 의도를 파악할 수 있다.

이와 함께 보수 세력은 대통령을 '성실'과 근면'의 가치를 구현하는 '일하는 정치 지도자'로 설정한다. 그리고 이것은 '여의도 정치'라 표현되는 정당 정치를 소모적인 정쟁만을 일삼는 영역이라고 부정적으로 이미지화하는 것과 대조된다.

17대 대선에서 이명박 후보의 주된 슬로건이 '국민 성공시대'였고 이를 보완하는 서브 슬로건이 '실천하는 경제 대통령'이었다.[54] 이는 '말만 많다'는 담론으로 나타나듯 소모적인 정쟁만을 일삼는 진보 세력과 대비되는 보수의 장점을 부각시킨 것이다. 그리고 2012년 대선에서도 비슷한 담론 전략이 제시되었고, 특히 이 당시에는 '강한 정치 리더십'을 강조하는 경향이 두드러졌다.

당시 박근혜 후보는 대선 과정에서 최고의 정치 이슈로 복지 문제가 제기되자 민생과 관련 없는 정치적 선동, 정치적 사심, 권력에 편승한 정치로는 문제의 해결이 불가능하다고 강조했다. 그리고 그 대안으로 영국의 대처 전 수상과 독일의 메르켈 총리를 인용하며 강인한 지도자를 강조하는 담론 전략을 제시했다. 2012년 11월 18일 박근혜는 〈대선비전선포식-박근혜의 국정비전과 국민행복 10대 공약〉에서 다음과 같이 언급했다.

"섬세함과 강인함으로 국가의 위기를 이겨낸 영국의 대처 수상과 독일의 메르켈 총리가 대표적인 예입니다. 지금 우리가 처해 있는 국내외적인 위기에 슬기롭게 대처하기 위해선 새로운 권력의 탄생이 절대적으로 필요합니다. … 경제는 성장 동력이 꺼져가고 양극화는 심화되고 분열과 갈등은 점점 커져가고 있습니다. 이런 문제를 해결해야 할 정치는 반복되는 부정부패와 민생과 상관없는 선동 정치로 제 기능을 다하지 못하고 있습니다. … 정치적인 사심과 권력에 편승한 정치로는 대한민국을 바로 세울 수 없습니다."

이처럼 보수 세력은 '실용성'과 '강력한 리더십'을 동시에 강조한다. 그리고 이와 같은 담론은 정당 정치가 비생산적이고 파당적인 이해관계에 함몰되어 있다는 이항대립의 프레임 속에서 전개되고 있다. 그리고 이는 사람들의 의식에도 영향을 주었다.

"나도 사회 경험을 좀 해보니 한국 사회에서 기업과 관료 조직이 가장 유능한 조직이라 느낍니다. 능력 있고 힘 있는 조직이 잘되도록 하는 것이 우리 모두에게 좋은 거예요. 그런데 정치가 이를 방해하면 안 되죠. 그러니 사람들이 정치를 욕하는 겁니다. 운동권 사람들은 비관적이에요. 어떻게든 문제점을 찾아 비판만 하려고 해요. 반면 보수는 일이 되는 방향으로, 긍정적으로 발전시킬 생각을 하죠."

문택수, 58세

앞서 살펴보듯 신자유주의는 효율성을 우선시하는 경향을 띠게 되므로, 절차적 합리성을 중시하는 민주적 의회정치를 소모적이고 비생산적인 영역으로 인식하는 경향이 나타난다. 그리고 그 과정에서 최적화된 결과를 산출해내는 사회 시스템을 요구하게 된다. 이와 같은 흐름에서 보수 세력은 실용주의 담론으로 '일하는 지도자', '능동적 국가'와 관련된 헤게모니 전략을 동원한다.

또한 강한 국가를 지향하는 보수 세력의 전략은 '배제의 정치'와도 관련 있다. 국가주의는 국가에 속한 국민을 대상으로 내적 통합을 지향하는 이데올로기로서, 국가의 경계선 안과 밖의 대상에 대한 구분을 전제한다. 그런데 실제 국가주의 작동 방식을 보면 그 경계선은 국경선과 같은 물리적 구분을 넘어 인종, 종교, 계급과 같은 사회적 정체성과 관련된 영역으로 확장되는 경우가 많다.

그래서 경계선 설정과 관련해 일정 정도 배제의 정치가 내재적으로 작동한다. 그리고 국가는 통치 전략의 차원에서 '배제의 정치'를 의도적으로 부각하기도 한다. 이 시기 '배제의 정치'는 '종북'과 '법과 원칙' 두 가지 차원으로 나눠서 볼 수 있다. 그러면 먼저 '종북' 담론을 통해 강한 국가를 지향하는 보수 세력의 전략에 대해 살펴보자.

앞서 보수 세력이 '종북' 담론을 통해 '진보 세력은 무능하다'는 인식을 형성하는 정치 전략을 쓰는 것에 대해 살펴보았다. 그런데 '종북' 담론은 부정적 통합 전략뿐만 아니라 긍정적 통합 전략에도 효과를 발휘하여 '보수 세력=강한 국가'로 인식되는 데에도 큰 영향을 준다.

일반적으로 보수 세력의 '종북' 공세를 진보 세력을 향한 부정적 낙인으로 이해하는 경우가 대부분이다. 그런데 실제 '종북' 담론이 사람들에게 접합되는 양상을 분석해보면 이것이 보수 세력에 대한 긍정적 인식을 유인하는 역할을 한다는 것을 확인할 수 있다. 그렇다면 그 이유는 무엇인가? 이와 관련해 '배제의 정치'가 국가주의를 강화하는 것과 밀접한 관련이 있다는 점에 주목할 필요가 있다.

일반적으로 한국이 강한 국가 권력을 행사하게 된 역사적 원인으로 두 가지가 언급된다. 먼저 국가가 전쟁을 수행하면서 군대, 경찰 조직과 같은 공안기구와 각종 행정조직이 발전할 수 있는 여건을 마련할 수 있었다. 그리고 이승만 정권이 단행한 토지 개혁으로 인해 기존 경제적 기득권층인 지주들의 경제적 기반이 약화된 것도 큰 영향을 주었다. 그런데 이와 함께 살펴봐야 될 부분은 국가가 '배제의 정치'를 통해서 국가를 중심으로 한 획일적 사회 통합을 지향하는 행위 전략에 관한 내용이다. 이는 '전쟁 정치'로 규정할 수 있는 한국 정치사회 특수성과 밀접한 관련이 있다.

김동춘은 실제 교전이 발생하지는 않지만 반대 세력을 억압하고 제거하기 위해 실제 전쟁을 수행할 당시의 상황과 논리로 이데올로기, 법, 국가 공권력 등을 동원하는 것을 '전쟁 정치'라 개념화했다.[55] 우선 '전쟁 정치' 작동 원리는 강한 국가와 깊은 관련이 있다. 그리고 '전쟁 정치' 속 국가는 배제의 대상을 공공의 안전과 행복에 저해되는 요소로 지목하고 그와 관련된 담론 전략을 동원한다. 그래서 '배제의 정치'는 문제의 원인에 대한 수동적 방어가 아니라 현상 타파적이고 적극적인 돌파구로서의 의미를 갖게 되고 강하고 적극적인 국가를 유도하는 기제가 된다.

이와 같은 배제의 대상이 최근에는 '종북' 세력이며 보수 세력은 이를 '국가 운영' 이슈에서 사회적 인정을 받는 수단으로 활용한다. 보수 세력은 '종북' 세력에 대처하는 것을 국가 권력의 능동성과 적극성을 보여주는 행위로 내세우며 사람들은 그에 호응하는 모습을 보인다.

> "하나를 보면 열을 안다고 했어요. 북한에 눈치도 안 보고 할 말은 하고, 할 수 있는 행동을 단호하게 하는 박근혜 대통령의 모습을 보면 희망이 생깁니다. 지금 우리 사회에 온갖 부조리가 가득한데, 저런 당당한 지도자가 있어야 발전할 수 있는 거예요."
>
> 한선희, 60세

많은 사람이 '종북 문제'에 관해 언급했는데, 한선희의 발언에는 '종북'을 국가 능력과 결부하여 인식하는 사람들의 여러 측면이 압축되어 있다. 우선 많은 사람이 종북 문제를 언급할 때 '단호한'

이라는 수식어를 함께 사용하는 것을 발견할 수 있었다. 이는 문제가 있는 곳에 국가가 즉각적이면서도 적극적인 대응을 해야 한다는 사람들의 의식을 반영한다. 그리고 한선희의 언급에서 알 수 있듯이 사람들은 '종북'에 대한 국가의 대처 방식을 보고 국가의 능력을 가늠하는 경향이 있다. 이것을 국가 능력을 판단하는 일종의 리트머스 시험지로서 인식하는 것이다.

체제 경쟁이 오래전에 끝난 현시점에서 북한은 과거와 같은 공포의 대상으로 인식되지 않는다. 그래서 북한과의 군사적 긴장이 고조된다고 해도 사재기 현상은 일어나지 않고 있다. 한 예로 2013년 초반 북한의 위협으로 긴장감이 조성되었을 때 외신 기자들이 몰려와 취재 경쟁을 벌인 적이 있었는데, 정작 당시 한국 국민들은 평온한 모습을 보였다. 그만큼 북한은 더 이상 '공포'의 대상으로 인식되지 않기 때문에 안보 불안감은 과거처럼 일상생활을 억누르지 않는다.

그럼에도 불구하고 보수 세력이 '종북'에 강경하게 대응하는 것은 이를 통해 국가의 강력한 통치력을 과시하려는 목적이 포함되어 있다고 볼 수 있다. 그리고 대중이 북한에 단호한 대처를 강조하는 것은 단순히 북한만을 상대로 한 것이 아니라 강하고 유능한 국가를 통해 자신들이 처한 문제점을 해결하기를 바라는 심리가 반영된 것으로 이해할 수 있다.

또한 보수 세력이 법과 원칙을 강조하는 것에서도 위와 같은

'배제의 정치'의 긍정적 효과를 찾아볼 수 있다. 보수 세력은 사회가 복잡해지는 여건 속에서 법의 지배를 효율적으로 확장하는 것이 필요한데 노무현 정권하에서 법의 권위가 추락했다고 인식한다.[56] 보수 진영은 끊임없이 노무현 정권이 법치주의를 훼손하고 있다는 비판을 했다. 2007년 11월 7일에 이회창이 보수 분열이라는 정치적 부담을 감수하면서도 출마 선언을 한 이유가 바로 '법과 원칙의 회복'일 정도였다.

보수 세력은 진보 세력이 집권한 이후 민주화 운동 시절 체화된 법과 법치에 대한 불신, 사적 네트워크로 연계된 각종 사회운동 세력에 대한 온정적 태도 등으로 한국의 법치주의가 위기에 빠지게 되었다고 진단한다.[57] 그리고 보수 세력은 법치주의 확립이 경제 발전을 비롯한 국가 발전의 초석이라 인식한다.[58] 이렇듯 보수 세력은 법치주의를 확립하여 공권력의 권위를 회복하는 것이 위기 극복을 위해 필요하다고 판단한다. 이러한 보수 세력의 인식은 사람들에게도 동일하게 나타난다.

"전 사형제 찬성론자예요. 사형을 한다고 해서 흉악 범죄가 줄어드는 것은 아니라는 말도 하던데, 그럴 수도 있다고 봅니다. 그런데 이건 하나만 알고 둘은 모르는 거예요. 적어도 사형 제도를 통해 사회적인 압력을 주는 건 있어요. 그게 눈에 바로 보이지 않을 수도 있겠지만 그건 상식적으로 생각해도 이해되는 거잖아요. 그런데 민주화 운동하는 사람들은 너무 이상적인 말만 하는 경향이 있어요. 그러다 보니 문제가 생기면 단호하게 대처해야 하는데, 뜬구름 잡는 이야기만 하죠. 반면에 보수 세력들은 북한 문제를 다루는 데에서 보이듯 단호하게 대처하는 경향이 있어요."

정영호, 45세

정영호는 공공의 안녕과 질서에 해를 주는 대상에는 그에 상응하는 엄격한 대처가 필요하다고 인식한다. 그렇게 해야 사회의 안정이 가능하고 그 속에서 개인이 안정적으로 삶을 영위할 수 있다고 판단한다. 또한 정영호는 '종북' 문제에 대해 비판적인 생각이 강했으며 이것이 그가 보수로 전환한 이유였다. 그는 진보 세력이 혼란스럽고 유약하다고 인식하면서 그 반대로 보수 세력은 강력한 정책 추진 능력이 있다고 판단한다. 그리고 이와 같은 판단을 하는 데에 있어 종북 문제는 하나의 근거가 된 것이다. 이처럼 '배제의 정치'는 강한 국가를 추동하며 보수 세력의 국가 운영 능력에 대한 신뢰도를 높이는 역할을 한다는 것을 확인할 수 있다.

1부를 마치며

이제까지 1부에서 사람들이 '진보 세력은 무능하고 보수 세력은 유능하다'고 생각하는 원인에 대해 살펴보았다. 위기에 처한 사람들은 강하고 유능한 국가를 선망하게 되는데, 보수 세력은 이 부분에서 사회적 동의를 획득하고 있었다. 우선 보수 세력은 현재 위기의 본질이 '국가 역량의 약화'에 있다고 진단하고 이것의 원인으로 '진보 세력의 무능함'을 지목한다. 보수 세력은 첫 번째로 진보 세력의 유약한 정치 리더십과 그에 따른 권위의 약화를 강조한다. 사람 중심주의를 강조하는 진보 세력은 강력한 정치 리더십을 통해 현실의 위기를 돌파하고자 하는 대중에게 다분히 낭만적, 비현실적, 더 나아가 유아적인 것으로 비친다.

둘째, 보수 세력은 진보 세력을 실용주의적이지 못한 존재로 프레임화한다. 보수 세력은 이념적으로 경직된 진보 세력이 현실에 기초하지 않은 관념적인 성향이 강하기 때문에 미래지향적인 대안 창출에 실패하고 있다고 지적한다. 이와 관련해 보수 세력은 진보 세력의 전략적 수단인 '말'을 비실용적이고 소모적인 것으로 인식되게 하는 담론 전략을 동원했다.

셋째, 보수 세력이 강조한 '종북' 담론은 '진보 세력 무능함'을 강화하는 매개 변수로 작용한다. 이러한 과정을 통해 보수 세력은 위기 극복의 주체는 '국가'이고 보수주의의 현실주의적 철학은 국가 능력 강화를 위한 기반이 된다는 점을 대중에게 강조한다. 또 국가주의 강화를 위한 구체적인 전략으로 탈이념적 실용주의를 국가주의와 접합하고 배제의 정치를 동원한다. 보수 세력은 위와 같은 방식을 통해 국가 능력을 강화시킬 수 있다고 강조한다. 이러한 전략은 대중에게 사회적 동의를 획득하고 있었다.

2부

사람들은 왜
보수 세력이 경제 문제를
더 잘 해결할 것이라고
생각하는가

보수 세력이 경제 문제 해결에 있어 진보 세력보다 더 능력이 있다는 인식은 상당히 광범위하게 유포되어 있다.[59] 그리고 이와 같은 인식은 진보 세력은 보수 세력에 비해 '민주주의'에 비교우위가 있고 보수 세력은 진보 세력에 비해 '경제' 부분에 비교우위가 있다는 이항대립의 프레임 속에서 형성된다.

이것이 극단화되어 '도덕적이지만 무능한 진보보다는 부패하더라도 유능한 보수가 낫다'라는 인식도 많이 퍼져 있다. 사실 이는 상당히 극단적인 주장이라고 할 수 있지만, 실제 주변을 살펴보면 이에 공감하는 사람들을 찾는 것은 그리 어렵지 않다. 그만큼 많은 사람이 보수 세력에게 경제 문제 해결을 기대하고 있다는 것을 의미한다.

경제 결정론처럼 극단적 환원론에 대해 대다수가 비판적인 의견을 보인다고 해도, 사람들의 정치의식 형성에 있어 경제적 요인이 중요한 비중을 차지한다는 점은 대부분이 동의할 것이다. 이를 고려할 때 '보수=경제'라는 인식은 보수주의 헤게모니 형성에 있어 매우 중요한 역할을 한다. 그러면 이와 같은 현상이 나타나는 이유는 무엇인가? 2부에서는 이러한 원인을 분석하고자 한다.

이를 위해 3장에서는 경제 문제 해결과 관련한 보수와 진보의 담론 전략을 살펴본다. 먼저 진보 세력의 담론 전략으로 양극화 해소를 위해 다수 서민대중을 상대로 한 계급정치와 경제활성화를 목적으로 한 민족정치에 대해서 분석하고, 이에 대한 보수 세력의 대응을 살펴본다. 그다음으로 보수 세력이 위기 극복을 위한 대안으로 제시하는 담론 전략을 살펴본다. '낙수효과'와 '국민' 담론을 통해서 공동체 전체 이익의 확장을 통해 사회적 양극화 및 경기침체 문제 등을 해결하겠다는 보수 세력의 긍정적 통합 전략의 내용을 분석한다. 그리고 4장에서는 경제적 이슈와 관련해서 탈진보화가 이뤄지는 이유와 그 경로를 분석한다. 진보 세력의 계급동원 전략을 대중이 거부하는 이유와 민족정치에 대해 부정적으로 대하는 이유 등을 살펴본다. 그리고 5장에서는 경제적 소외계층이 자신들의 계급 이익을 대변하겠다는 진보 세력의 동원 전략을 수용하지 않고 그 대신 보수 세력의 전략에 호응하는 이유에 대해 살펴본다. 이를 통해 경제적으로 어려운 처지에 놓인 사람들이 진보 세력보다 보수 세력을 지지하는 이유에 대해 알아보자.

3 경제 위기 극복을 위해 진보와 보수는 무엇을 하는가

진보의 전략 1 : 중산층과 서민을 우리 편으로

한국은 노동 계급을 비롯하여 소위 기층 민중세력에 기반한 계급 정치가 활성화되지 못했다. 그 이유는 두 가지로 살펴볼 수 있는데, 우선 한국은 노동조합에 기반을 둔 계급정당이 제대로 발전하지 못했기 때문이다. 그리고 노동문제는 국가 안보와 경제성장 의제만큼 독자적인 중요성을 인정받지 못했고 두 의제의 보조적인 것으로만 다루어졌다. 그 결과 한국에서의 계급정치는 구조적인 한계를 지니고 있었다.

이와 같은 한계 속에서도 진보 정치 세력은 계급정치 실현을 위한 노력을 지속했다. 2008년 분당 이후 여러 요인으로 정치적 영향력이 크게 축소되기는 했지만, 2000년 창당된 민주노동당은 계급정당의 가능성을 보여주었다. 그리고 진보적 성향의 국민들의 광범위한 지지를 받고 있는 민주당 계열 정당은 1987년 창당한 평민당 이후로 계급정치 성격을 점차 발전시켰다.

많은 학자가 정당의 조직적 측면에서 현재 민주당 계열 정당(이하 민주당)이 명사 정당의 성격을 띠고 있다는 점을 근거로 민주당의 기원을 1955년 창당된 민주당으로 보거나 더 멀리 한민당으로 판단하기도 한다. 그리고 새정치민주연합이 2015년에 자체적으로 창당 60주년을 기념한 것에서 보듯 그들도 이러한 역사적 연원에 대해 동의하는 것으로 이해할 수 있다.

그런데 내용적으로 보면 1987년 창당된 평민당과 그 이전을 구분해서 판단하는 것이 옳다. 왜냐하면 이때부터 1970~80년대 민주화 운동을 한 세력들이 본격적으로 정치권에 진출하면서 정당의 인적 구성 등 조직적인 측면에서 변화가 나타났기 때문이다. 이 장에서는 한국 사회의 현실적인 영향력 등을 고려하여 민주당 계열 정당의 비중이 크고, 이들 정치 세력이 평민당 이후 점차 계급정치 전략을 강화해왔다는 점에 주목하여 분석한다.

민주당 계열 정당의 계급정치는 김대중 정권-노무현 정권-2012년 대선 이렇게 3시기로 구분해서 살펴볼 수 있는데, 시간이 지날수록 이들의 정치 담론에는 계급에 따른 구분이 선명해지고 배제와 포용에 대한 입장 역시 명확해진다.

먼저 김대중은 1971년 대선에서 대중경제론을 내세웠을 정도로 오래전부터 사회경제적 불평등 문제를 해결하기 위해 정책적으로 노력했다. 특히 김대중은 1987년 평민당을 창당하여 야당의 리더가 된 이후, 당 차원에서 '중산층과 서민을 위하는 정당'이라는 계급 지향성을 표방했으며 이는 그 이후 민주당 계열 정당의 정치적 정체성으로 이어졌다. 다만 이 시기에는 자신의 계급적 지향점을 표명하는 것에 그쳤으며, 계급 관계상 대립적 이해관계를 갖는 대상을 특정해서 적과 친구로 구분하는 정치적 동원으로 이어지지는 않았다.

김대중은 집권 이후에 민주노총과 전교조를 합법화하는 등 노동계의 요구를 수용하여 노동 정치의 질적 발전을 이루는 데에 크게 기여했다. 다만 이는 선진 자본주의 사회라면 어디든 보장하는 기본적이고 보편적인 것이기 때문에 당시 한국의 여건에서 볼 때 의의가 있어도 이 자체를 적극적인 계급정치로 규정하기에는 어려움이 있다. 그리고 복지 분야의 생산적 복지론의 경우에도 복지를 주요한 국가적 의제로 제시했다는 점에서 중요한 의미가 있지만 이것이 조세정책 등과 연계된 적극적인 복지정치로 이어지지는 못했다. 외환위기로 촉발된 경제위기를 극복하는 과정에 있었고, 복지정치를 뒷받침할 만한 정치사회 세력의 영향력이 아직 약했기 때문이다.

그런데 2002년 노무현 후보가 등장하면서 변화의 조짐이 나타났다. 당시 민주당 대통령 후보로 선출된 노무현은 '특권 대 보통 사람'으로 구분한 담론 전략을 제시했다.[60] '보통'과 '특권' 담론은 '보통'과 '특권'에 포함되는 대상 사이의 이해관계의 구분과 갈등을 전제한 개념이기 때문에 경제적 이해관계 측면에 따른 균열을 전제로 한 계급정치적 성격이 반영되어 있다고 할 수 있다.

그렇지만 '보통'과 '특권' 담론은 본격적인 계급정치 성향을 띤다고 평가하기에는 무리가 있다. 이 경우 '특권' 담론은 시장경제 원리를 긍정하되, 그것의 공정한 운영을 가로막는 봉건적 잔재와 같은 구습에 대한 문제제기로 해석될 수 있다. 이 경우 특권에 대한 비판은 시장경제의 정상적 작동을 지향하는 행위로 평가할 수 있기 때문에 불평등을 초래하는 시장의 구조적 한계를 극복하는 데에 목적을 둔 계급정치와는 차이가 있다.

그리고 계급정치와 관련해서 노무현 정권의 철저하지 못한 모습은 정책적 측면에서도 확인된다. 노무현 정권에서 종부세(종합부동산세) 등 자산가층을 상대로 과세를 시도하면서 전보다는 적극적인 모습이 나타났지만 한계점은 분명 있다. 조세정책은 계급정치 맥락에서 볼 때 대단히 중요한 의미가 있기 때문에 이와 관련한 이슈 제기 등은 계급정치와 관련된 전체적인 마스터플랜이 수립된 이후에 이루어져야만 한다.

그런데 당시 노무현 정권은 이와 같은 전략 속에서 추진했다고 보기 어렵다. 그래서 종부세를 둘러싼 논쟁 과정에서 경제적 지배

계급인 자산가층에 대한 감정적 비난에 치우친 면이 있고, 종부세의 효과로 이익을 볼 수 있는 빈곤층에 대한 적극적인 동원이 병행되지 않았다. 당시 종부세와 관련해 '세금폭탄'이란 담론이 위력을 발휘했는데 종부세 납부와 실제 상관없는 상당수 중산층과 심지어 빈곤층조차도 소수 경제적 특권 세력이 유포한 '세금폭탄'론에 동조하는 현상이 나타났다. 이는 종부세 문제를 정교한 계급정치적 맥락에서 이해하지 못하고 접근한 노무현 정권의 한계를 보여준 대표적인 사례라고 할 수 있다.

다만, 이러한 점을 고려해도 노무현 정권의 '특권' 담론은 보수세력에 대한 부정적 인식 형성을 의도한 정치화 전략의 산물이라고 평가하는 것은 가능하다. '특권'은 참여 민주주의의 확산을 가로막는 제도적·비제도적 장벽을 의미한다고 할 수 있으므로 '특권'에 대한 문제제기를 시대적 흐름과 연관해서 볼 때 단순히 '중산층과 서민'을 강조한 것보다는 진전된 계급정치 담론으로 평가할 수 있다. '종부세' 역시 조세정책 측면에서 그전과 다른 계급정치 성격이 반영되어 있다. 그렇게 볼 때 '특권' 담론과 '종부세'는 본격적인 계급정치의 맹아적 성격을 보여준다고 할 수 있으므로 노무현 정권 시절의 계급정치는 김대중 정권 시절보다는 진전된 것으로 평가할 수 있다.

그리고 2012년 대선을 앞두고 진보 세력이 '복지' 문제를 계급정치적 맥락에서 강조하기 시작하면서 그전과는 다른 질적인 전환이 이루어졌다고 할 수 있다. 이 시기 범진보 세력은 위기의 본질이 신자유주의적 발전 전략에 따른 양극화에 있다는 점에 인식을 함께 하면서, 1992년 대선 이후 처음으로 선거공조를 했다. 특히 그 과정에서 민주당이 진보적인 사회경제 정책에 대해 적극적인 입장을 내세웠다. 민주노동당 등 진보 정당의 주요 인사들이 민주당에 대거 합류하는 움직임이 나타난 것도 그와 같은 맥락에서 이루어졌다.[61]

2012년 대선을 앞두고 진보 세력은 '1대 99' 이항대립에 근거한 계급 담론 전략을 내세웠다. 그래서 보수 세력이 1% 특권 세력의 이익을 대변하고 있고, 자신들은 99%에 해당하는 절대 다수의 이익을 대변한다는 점을 강조했다. 한 예로 2012년 1월 1일 민주통합당의 원혜영 공동대표는 총선과 대선에서 승리하여 "99% 서민, 중산층이 주인이 되는 대한민국이 되도록 하자"라고 역설했다.[62] 이처럼 이 시기 계급 담론은 전과 비교해서 볼 때 배제와 포섭의 대상을 명확히 설정하고 있다는 특징이 있다.

그리고 2012년 대선에서 문재인 후보는 민감한 조세정책 문제에 대해서도 적극적인 입장을 제시하여 이명박 정권하에서 이루어진 '감세' 철회를 통한 복지 재원 마련 공약을 제시했다. 그래서 문재인 후보는 소득세 최고 세율 38% 적용구간을 3억 원에서 1억 5,000만 원으로 낮추고 법인세 최고 세율을 22%에서 25%로 상향 조정한다는 등의 정책을 통해 경제적 기득권층에 집중된 증세

안을 제시했다.[63] 그런 점에서 2012년 문재인 후보는 처음으로 사실상 진보 세력 전체가 합의하고 기획한 복지정치, 계급정치에 입각한 정책을 내세웠고 그에 따른 동원 전략을 구체화했다고 평가할 수 있다. 이제까지 살펴본 대로 민주당 계열 정당은 평민당 이후로 계급정치를 강화했다. 그리고 이들의 계급정치 내용을 김대중 정권-노무현 정권-2012년 대선 3시기로 나누어 정리하면 다음과 같다.

표3 **민주당 계열 정당의 계급정치 발전 방향**

내용 \ 시기	김대중 정권	노무현 정권	2012년 대선
담론	중산층과 서민	보통과 특권	1 대 99
정책	민주노총 및 전교조 합법화, 노동의 정치 자유 허용	종부세	조세정책 등을 통한 적극적 복지 정책

진보의 전략 2: 대북협력을 통해 경제를 활성화하자

그다음으로 살펴볼 부분은 진보 세력의 대북화해협력정책이다. 대북화해협력정책의 정치사회적 의미는 다양한 각도에서 살펴볼 수 있는데, 여기서는 진보 세력이 경제 위기 극복과정으로 활용한 부분에 초점을 맞추려고 한다.

먼저 김대중과 민주당 계열 정당은 대북화해협력정책이 경제를 비롯한 국가 발전에 있어 새로운 역할을 하게 될 것이라는 점을 강조했다. 햇볕정책이 한반도의 지정학적 리스크를 감소시켜 외자유치를 용이하게 할 수 있도록 하여 외환위기 극복 과정에서도 큰 역할을 했다는 점을 강조했다.[64] 특히 남북정상회담 이후에는 한반도 전체가 국제적인 투자처가 될 것이라고 했는데, 특히 2000년 9월 9일 미국 경제계 인사를 만난 김대중은 다음과 같이 언급했다.

"남북정상회담 이후 이제 남한만이 아니라 한반도라는 차원에서 투자를 검토할 수 있을 것이다. 한국의 지정학적 위치는 태평양과 대륙, 그리고 4대국을 잇는 중심지로서의 의미를 갖게 될 것이다. 그 어느 때보다 기대할 수 있는 투자시장이라고 할 수 있다."[65]

김대중은 경제를 포함한 각종 사회·문화적 교류를 통해 한반도 냉전구조의 해체를 도모하고자 했다. 특히 북한에 대한 국제적 차원의 교류 협력를 중시했다. 그래서 한반도의 지정학적 위치를 언급하면서 해외자본이 한반도에 투자하는 것이 이득이 될 수 있다는 점을 강조했다. 이는 경제적 관점에서 대북화해협력정책의 효과를 설명하는 것이다.

부동산 가격 폭등 문제도 부동산 가격 상승은 투자처를 찾지 못한 시중 유동자금에 의해 발생했다고 지적하면서, 이와 같은 자금을 북한에 투자할 수 있도록 하면 남북한 모두 윈-윈win-win이 된다고 설명하기도 했다. 2005년 6월 14일 김대중은 다음과 같이 말했다.

"또 우리나라에 400조라는 돈이 돌아다닐 곳이 없어 부동산 투기나 하는데 북한은 투자를 목마르게 기다리고 있습니다. 또 중소기업도 남한은 인건비 등이 비싸서 다른 나라로 가는데 가서 성공한 사람이 별로 없습니다. 그런데 북한은 거리도 가깝고 언어도 같고 임금도 싸고 지식수준도 높습니다. 이런 노다지를 캘 수 있는 장소를 우리가 못 가고 있는 것입니다. … 우리가 북한을 도와주면 북한은 한강의 기적이 아닌 압록강의 기적을 이룰 수 있습니다."[66]

그리고 진보 세력은 사회적 양극화를 비롯한 한국경제의 문제점을 근본적으로 해결하기 위해 남북화해협력을 통한 한반도 경제 공동체 건설이 필요하다는 입장을 제시했다. 먼저 2012년 대선에서 문재인 후보는 대북 정책을 경제활성화를 위한 신성장 동력으로 인식하여 '평화는 밥, 평화는 경제'라는 담론 전략을 제시했다.

"평화가 밥입니다. 평화가 경제입니다. 대북 정책이 곧 경제정책입니다. 한국경제는 지금 새로운 성장 동력이 필요합니다. 북한은 풍부한 노동력과 자원을 가진 기회의 땅입니다. 남한도 북한에게 기회의 나라입니다. 세계경제의 주도권을 가져올 수 있는 한중일 동북아 경제권을 위해서도 남북관계 개선이 중요합니다."[67]

2000년 남북정상회담 이후의 상황을 보면 진보 세력은 경제회복을 위한 방법의 하나로 대북화해협력정책의 의미를 강조하고 있다. 그리고 진보 세력은 2012년 대선의 주된 화두였던 경제민주화와 복지 정책의 실현을 위해 대북화해협력노선의 필요성을 강조하기도 했다.

"경제민주화와 보편적 복지는 일자리를 늘리고 국민의 삶을 안정시킬 미래 비전입니다. 그리고 한반도 평화는 이 두 가지를 가능하게 만들 전제조건입니다."

심화되는 사회경제적 양극화에 대처하기 위해 경제민주화와 복지는 중요한 정치사회적 의제로 제기되었다. 진보 진영은 이를 해결하기 위해서도 대북화해협력정책이 필요하다는 논리를 제시한다. 진보 세력은 대북 문제를 단순히 민족적 감정이나 정치적 측면에서만 접근하지 않는다. 경제적 측면, 특히 신자유주의 재편 과정에서 나타난 문제점을 해결하기 위한 수단으로 인식하며 이와 관련한 다양한 담론 전략을 제시하고 있다.

이제까지 진보 세력이 긍정적 통합 전략의 일환으로 대북화해협력정책을 활용한 부분에 대해서 살펴보았다. 이에 더해 진보 세력은 대북 정책과 관련해 보수 세력에 대한 공세적인 담론 전략을 동원하기 시작했다. 보수 세력은 과거 권위주의 정권 시절 오랜 기간 북한 변수를 활용해 진보 세력에 정치적 공세를 펼치곤 했다. 반공주의 영향력이 강했던 그 당시 보수 세력의 색깔 공세에 대해 진보 세력은 해명 위주의 방어적인 태도에 머물렀다.

그런데 2000년 6.15 이후 남북관계의 질적 전환이 이루어지면서 북한 변수와 관련해 그동안 수세적인 입장에 있었던 진보 세력이 오히려 '햇볕정책'에 비판적인 보수 세력을 부정적이고 퇴행적인 세력으로 몰아붙이는 공세를 보여주기 시작했다. 그래서 2002년 대선과정에서 한나라당 이회창 후보가 '안정 대 불안'이라는 담론을 통해서 민주당 노무현 후보에 대한 정치적 공세를 시도하였지만, 이에 대해서 노무현 후보는 '전쟁이냐 평화냐'라는 담론을 통해 보수 세력에 역공을 가했다.

"12월 19일 대선은, '전쟁'과 '평화' 중 하나를 선택하는 날입니다. '대결'을 부르짖는 이회창 후보가 대통령이 되면 한반도에서 전쟁 불안이 조성됩니다. 외국 투자가 썰물처럼 빠져나갈 것입니다. 주가는 폭락하고, 증시와 금융시장은 혼란에 빠질 것입니다. 그 결과는 경제 파탄입니다."[69]

이와 같은 모습은 기존과 확연히 달라진 것이다. 진보 세력은 경제 위기 극복을 위한 대안으로 대북화해협력정책의 긍정적 의미를 강조함과 동시에 보수 세력의 부정적 의미를 부각시켰다. 이 당시 나온 진보 세력의 전략은 그 이후에도 지속된다. 그래서 진보 세력은 보수 정권 등장 이후 한반도의 지정학적 리스크가 부각될 때마다 이를 경제 문제와 연결시키면서 민족정치의 경제적 측면을 강조하는 담론 전략을 펼치고 있다.

이제까지 살펴본 것처럼 진보 세력은 경제 위기 극복을 위해 두 가지 담론 전략을 내세웠다. 첫 번째로 경제적 불평등을 해소하기 위해 중산층과 서민층을 대상으로 한 계급정치, 두 번째로 경제활성화를 위해 남북 경제협력을 강조하는 민족정치이다. 진보 세력은 이 두 가지 담론 전략을 통해 정치적 동원을 시도했다.

보수의 전략 1: 진보 세력을 기득권으로 규정하라!

그러면 보수 세력은 위와 같은 진보 세력의 전략에 대해 어떻게 대응할까? 보수 세력의 핵심 전략은 진보 세력을 기득권으로 규정하여 경제적 소외계층과 진보 세력의 연대를 가로막는 것이다. 진보 세력은 경제적 소외계층의 계급의식을 고취시키는 담론 전략을 통해 보수 세력의 기반인 소수 경제적 특권층을 제외한 대중의 지지를 얻으려고 한다. 그런데 보수 세력이 의도한 대로 경제적 측면이 아니라 정서적, 사회문화적 측면에서 정치적 균열이 형성되면 진보 세력의 동원 전략은 성공하기 어렵다. 보수 세력은 이 점을 노리는 것이다.

보수 세력은 진보 세력과 소외계급 간에 정서적 균열을 조성하려고 한다. 이는 궁극적으로 진보 세력이 강조하는 '사람 중심주의(도덕적 휴머니즘)'를 약화시키는 것으로 이어진다. 진보 세력은 앞에서 설명했듯이 '도덕적 휴머니즘'을 강조한다. 이는 정치적 행위 의도의 순수성을 강조하여 보수 세력을 상대로 한 정치적 동원 능력을 극대화하기 위한 전략과 관련이 깊다.

그런데 한편으로 보수 진영의 입장에서 볼 때 도덕적 순수함은 진보 세력의 가장 약한 고리가 될 수도 있다. '도덕적 순결주의'는 사람들이 진보 세력을 지지하는 기본 바탕이 되기 때문에, 진보 세력이 실제로 '도덕적 순결함'과 거리가 멀다는 인식이 형성될 경우 진보 세력의 동원 전략은 기초부터 흔들리게 된다. 그래서 권위주의 정권 시절 보수 세력은 진보 세력의 도덕적 우위를 돈 문제와 성윤리 문제로 무력화하려 했다.[70]

그런데 과거와 다르게 진보 세력이 2002년 대선과 2004년 총선을 통해 정치사회적 영향력을 강화하자, 보수 세력은 전보다 진화한 공세를 펼치기 시작했다. 보수 세력은 진보 세력에 대해 '초심을 잃은 기득권 세력', '이기주의 세력'으로 공격하는 담론 전략을 본격화했다. 이와 관련한 예로 《문화일보》 2007년 11월 5일 자에 실린 김회평의 시론에서는 당시 1980년대 학생운동권 세대(과거에는 386세대, 비교적 최근에는 486세대 혹은 586세대로 불리기도 했으며 최근에는 86세대라는 명칭으로 통일되고 있다)에 대해 다음과 같은 비판적 평가를 하고 있다.

> "겉으로는 정의로운 체하지만 원정 출산 붐을 일으킨 것도, 영어 발음을 좋게 한다고 자녀 혀를 찢은 것도, 부동산 광풍을 주도한 것도 따지고 보면 386이 아니냐는 얘기다. 여전히 술자리에서는 불의를 따지면서도 직장에서는 구태의 관행에서 자유롭지 못하고 귀가해서는 자식들을 고액 과외로 내모는 이들이다."
>
> 《문화일보》 2007년 11월 5일 자 김회평 시론 중에서

이는 소외계급의 입장을 대변한다고 한 진보 세력이 실제로는 조직화된 역량과 정치권력을 통해 자신들의 특수한 이익을 추구하고 있을 뿐 '노동자', '민중' 등의 계급 담론은 자신들의 정치권력을 위한 정치적 수사학이자 도구에 불과하다는 점을 강조하는 것이다.

보수 세력은 진보 세력이 권력을 차지한 이후 사적 이익추구 행위자로 전락했다는 점을 지적한다. 비록 전체는 아니라고 하더라도 권력을 쥔 일부 학생운동 세력들의 사적 이익추구 행위로 인하여 운동권 정치 세력이 내세웠던 '진정성' 및 '도덕적 순수성'은 큰 타격을 받게 되었다. G. 모스카G. Mosca는 지지자의 이익을 위해

노력하지 않고 자신의 사적인 이익을 추구하는 정치 엘리트를 정치계급political class이라 개념화했다.[71] 그리고 보수 세력은 진보 세력이 골프와 같은 고급 스포츠를 탐닉하는 행위를 비판하면서 정치계급화된 진보 세력을 비판하기도 한다.[72]

이는 단지 정치권에만 해당되는 것이 아니다. 2000년대 중반 광범위하게 유포된 정규직 노조를 대상으로 한 '귀족노조' 및 '노조 이기주의' 담론과 참교육을 내세웠던 전교조에 대한 부정적 담론화에서 보듯이 보수 세력은 진보적 사회 집단을 대상으로 한 공세도 하고 있다.[73] 특히 이 부분은 진보 세력의 계급동원 전략을 무력화하는 논리의 근거로 자주 인용된다. 무엇보다 소외계층은 조직화되지 못한 상태에서 개별적으로 경제적 고통을 겪고 있다. 이러한 상황에서 이들은 두 가지 측면에서 진보 세력에 괴리감을 느낄 수 있다.

먼저 계급적 측면으로 '귀족', '이기주의' 등과 같은 담론은 조직화된 진보 세력의 양대 세력인 학생운동 세력과 노동운동 세력이 대체로 중간계급에 속해 있다는 점을 노린다. 한국의 민주화 운동은 학생을 비롯하여 재야 지식인 등이 중심이었으며,[74] 노동운동은 대기업 정규직 노조를 중심으로 이루어졌다.[75] 그뿐만 아니라 정치 참여형 시민운동의 선구자라고 할 수 있는 노사모의 주요 참여자는 사무직, 전문직 등 중산층 화이트 칼라층의 비중이 가장 높다.[76] 그리고 진보정당의 당원 역시 중산층 화이트 칼라층이 중심이다. 2012년 진보적 지식인이자 정치가인 홍세화는 진보신당에 대해서 '지식인 정당', '문화좌파'라고 평가한 적이 있었는데, 이는 위와 같은 상황을 반영한 것으로 이해할 수 있다.[77]

이처럼 이들과 소외계층 사이에는 계급적 차이가 존재한다. 그런데 '귀족', '이기주의' 등과 같은 담론은 정서적 균열을 초래할 뿐만 아니라 '중산층 운동권 대 소외계층'의 계급적 균열로 이어지도록 한다. 이러한 상황에서 이들 사이의 계급적 연대 형성은 어렵다. 그리고 문화적 취향과 감성의 차이 역시 이들과 소외계층 사이의 괴리감을 촉발시키는 요인이 된다. 특히 이는 경제적 소외계층이 진보 세력에 정서적 동질감을 갖지 못하도록 한다.

그다음으로 조직적 측면이다. 소외계층은 조직화하지 못하고 개별적으로 산재되어 있다. 그래서 사회로부터의 연원한 불만을 사회적으로 대응할 기회와 방법을 갖지 못한 채 개인적 차원에서 불만이 축적되는 양상이 나타난다. 그 반면에 사회운동세력은 조직적 대응을 하고 있고, 앞에서 보듯 이들 상당수는 중간계급으로 사회적 네트워크를 구축하기 위한 물적, 시간적, 정신적 여유가 있다. 그러므로 진보 세력을 대상으로 한 '귀족', '이기주의' 담론은 사회적 네트워크를 갖지 못한 소외계층에 상대적 박탈감을 유발하여 진보 세력과 소외계층 사이의 연대감 형성을 가로막는다.

앤서니 기든스Anthony Giddens는 이데올로기가 지배에 기능하는 세 가지 방식 중의 하나가 은폐[78]라고 했는데 이는 기존 모순의 존재를 모호하게 하거나 부정하게 하는 것이라고 했다. 이렇게 볼 때 계급 균열을 은폐하는 보수 세력의 전략은 이에 제대로 부합하는 경우이다.

보수의 전략 2: 경제도 힘든데 왜 퍼주는가

이제까지 진보 세력의 계급정치 전략을 무력화하기 위한 보수 세력의 대응 전략을 살펴보았다. 여기서는 대북협력으로 경제활성화를 지향하는 진보 세력의 전략에 대한 보수 세력의 대응을 살펴본다. 이 과정에서 보수 세력이 동원한 담론 전략이 바로 '퍼주기' 담론이다. 대한민국 건국 이후 한국의 보수 세력은 정치사회적 동원 과정에서 반공주의를 활용했다. 남북한의 체제 경쟁 시기에 반공주의가 생성된 것이다. 보수 세력은 반공주의로 북한과 공산주의에 대한 공포 심리를 자극하고, 이와 연관된 대상에 조건반사적인 거부 심리를 유도하고자 했다.

그런데 보수 세력이 전가의 보도처럼 활용했던 반공주의는 1997년 대선 과정에서부터 정치적 효용성이 약화되기 시작했다. 1997년 대선에서도 보수 세력은 오익제 월북사건 등을 통해 김대중 후보에 대한 색깔론을 제기했지만 과거와 같은 정치적 효과는 없었다. 1987년 민주화 이후 대선에서 보수 정당 후보가 연이어 당선되기는 했지만, 시민사회 전반에 걸쳐 민주화가 점진적으로 발전했기 때문에 비이성적인 색깔론에 대한 거부감이 확산된 것이다. 그리고 특히 2000년 남북정상회담을 거치면서 기존 반공주의의 정치적 영향력은 사실상 소멸되었다. 이와 관련하여 2002년 대통령 선거에서 휴전선 인근 강원도 북부 지역의 선거 결과는 매우 큰 의미가 있다.

강원도는 전통적으로 보수 색채가 강한 지역이었고 2002년 대선에서도 이회창 후보 52.48%, 노무현 후보 41.51%, 권영길 후보 5.07%의 득표율을 얻었다. 그런데 유독 휴전선과 맞닿아 있는 강원도 북부에서는 노무현 후보가 이회창 후보보다 더 득표했으며 권영길 후보까지 더한다면 범진보 후보와 보수 후보의 격차는 더 벌어진다.

2002년 대선 과정에서는 당시 미국 부시 행정부의 대북 압박 정책으로 인해 한반도에 위기가 조성되고 있었다. 그런데 이와 같은 휴전선 인접 지역의 선거 결과는 군사적 긴장이 높아지면 반공 안보의식에 의해 보수 세력에 대한 지지가 강화된다는 기존의 통념을 뒤흔들었다.

표4 2002년 대선에서 강원도 북부 지역 후보별 득표율 (단위: %)

지역 후보	철원	화천	양구	인제
이회창	45.09	45.33	44.22	45.56
노무현	47.90	47.64	48.92	48.23
권영길	5.50	5.69	5.46	4.99

이는 북한을 민족의 일원으로 인식하는 민족주의 의식이 고양된 것과도 관련이 있지만, 북한 체제의 실상이 적나라하게 알려지면서 북한을 공포의 대상으로 인식하기 어려워진 영향도 있다. 그리고 북한과의 대결보다는 화해·협력을 통해 교류를 진전시키는 것이 우리 삶에 더 도움이 된다는 실용주의 인식이 확산된 것과도 관련이 있다.

예를 들어 1994년 상반기 내내 북한 핵 문제로 인해 한반도의 긴장이 이어졌는데 특히 그해 6월에 북한이 국제원자력기구IAEA를 탈퇴하자 남한에서는 사재기 현상이 나타나는 등 긴장감이 최고조에 이르렀다.[79] 그런데 1994년 이후 북한의 국지적 도발이나 안보위기론이 제기되었을 때에 과거와 같은 사재기 현상은 일어나지 않았다. 보수 일각에서는 이와 같은 현상에 대해 안보불감증이라 비판하는 등 상당히 신경질적인 반응을 보이기도 했다. 그러나 역사의 시곗바늘을 거꾸로 돌리기에는 불가능할 정도로 변화가 몰아쳤기 때문에 보수 세력도 새로운 전략을 모색해야만 했다. 그래서 보수 세력은 북한에 대한 공포 심리에 의존한 기존의 반공주의 동원 전략을 폐기하고 그 대신 변화된 국내 정치사회 상황 및 남북 관계를 고려하여 '퍼주기' 담론 및 '종북' 담론과 같은 전략을 전개하기 시작했다.

우선 '퍼주기' 담론은 김대중 정부 시절 보수 세력에 의해 제기된 담론이다. 그러나 당시에는 김대중 정권의 대북 정책의 성과가 긍정적으로 평가되고 있었기 때문에 '퍼주기' 담론은 폭넓은 이해와 지지를 얻지는 못했다. 그런데 노무현 정권 초기 대북 송금 특검으로 인해 남북관계의 이면이 드러나게 되고, 북한의 핵실험, 북미 갈등 증폭으로 남북관계의 발전이 더뎌지면서 '퍼주기' 담론이 그전과 다르게 대중적으로 확산되는 양상이 나타났다.

보수 세력은 '퍼주기' 담론을 통해 국민들이 진보 세력에 이질감을 느끼도록 도모한다. 남한의 자본이나 물품이 북한으로 이동하는 현상을 대북 지원, 대북 투자라고 담론화할 수도 있는데 '퍼주기'라고 함으로써 일방적이고 굴욕적인 행위로 규정하려는 의도가 반영된 것이다. 그래서 '퍼주기' 담론은 경제난 속에서 고통받는 대중의 정서를 크게 자극할 수 있다. 이는 결국 진보 세력의 계급 담론, 즉 진보 세력이 민중의 대변자이자 중산층과 서민의 이익을 대변한다는 동원 논리를 무력화하는 것으로 이어진다.

그리고 '퍼주기' 담론은 안보 심리 차원에서도 활용된다. 보수세력은 북한의 핵과 미사일 문제가 불거지자 안보 불안 심리를 이용하여 '퍼주기'가 북한의 '핵과 미사일' 능력을 강화하고 있다고 주장한다. 2006년 8월 10일 뉴라이트 계열 단체들은 '8.15 북한 인권대회'를 개최했다. 이들은 선언문에서 "대북 지원을 통해 북한 정권에 더 강력한 핵무기와 미사일만 키워낸 야만정책이 햇볕정책"[80]이라고 비난했는데, 이는 보수 주류 세력의 인식이라고 할 수 있다.

여기서 주목할 점은 보수 세력이 북한 지도부와 북한 주민을 분리하여 접근한다는 점이다. 보수 세력은 진보 세력이 남한의 부를 이전(퍼주기)하여 북한 지도부의 연명을 돕고 있다고 비판한다.[81] 그리고 '퍼주기'를 통해 이전된 남측의 자원이 북한 지도부의 사적 재산으로 활용되고 핵과 미사일이 되어 남측을 위협하는 수단으로 활용한다는 주장으로 이어진다. 따라서 많은 북한 주민이 실질적인 혜택을 받지 못해 경제난으로 고통받고 있다고 주장한다.

이처럼 '퍼주기' 담론은 남북한 지도부를 한 축으로 하고 경제난에 고통받는 남과 북 주민을 다른 한 축으로 하여 둘을 대립시키는 이항대립 구도를 형성하도록 한다. 그래서 진보 세력과 대중과의 연대와 소통을 막아 진보 세력의 가장 큰 업적으로 평가받는 햇볕정책의 효과를 무력화하려고 한다.

공동체 전체의 이익이 곧 나의 이익이다

그러면 경제 위기, 특히 양극화 해소와 관련해 보수 세력이 강조하는 담론 전략은 무엇인가? 앞에서 살펴보았듯이 진보 세력은 중산층과 서민을 대상으로 한 계급정치를 내세운다. 진보 세력의 논리를 아주 거칠게 표현한다면 조세정책 등의 방법을 통해 소수 특권층으로부터 확보한 자원을 서민 복지를 위한 재원으로 활용하겠다는 것이다. 반면에 보수 세력은 공동체 전체 이익을 극대화하는 것이 양극화 해소를 위한 현실적인 해법이라는 점을 강조한다. 이와 관련해서 보수 세력은 '낙수효과trickle down effect'와 '국민' 담론을 강조한다.

　그러면 먼저 낙수효과에 대해 살펴보도록 하자. 낙수효과란 기업(주로 대기업을 의미)과 자산가층에게 경제 활동의 자유를 보장하여 이들의 투자와 소비를 통해 고용 창출과 경기 활성화를 이룰 수 있다는 것을 말한다. 그리고 그 과정에서 중산층과 하층의 계급 이익도 함께 실현될 수 있다고 주장한다. 이는 공동체 전체의 이익을 극대화한 후 그 안에서 개인의 경제적 이익을 실현시킨다는 논리이다. 보수 세력은 경제 위기 상황에서 '국가'와 '기업' 등 거대 주체의 경쟁력 강화를 강조하는 담론 전략을 제시하는데, 이것의 배경이 바로 낙수효과이다.

　그리고 그다음으로 보수 세력은 국가주의에 근거한 '국민' 담론을 제시하며 사회경제적 위기 상황에서 고통받는 국민들의 현상 타파욕구를 수렴하고자 한다. 이 역시 앞의 '낙수효과'와 유사하게 공동체 전체의 발전 속에서 개인의 이익 실현이 가능하다는 것을 강조하는 담론 전략이다. 2007년 대선에서 한나라당 이명박 후보의 슬로건은 '국민성공시대'였다. 이는 소위 '샐러리맨의 신화'를 상징하던 이명박 후보의 개인적 경력을 상징화하여 신자유주의 재편 과정에서 발생한 혼란 속에서도 '성공'의 길에 이를 수 있다는 메시지를 전달하려는 의도가 개입된 것이다. 이것은 계급 상승이 비교적 많이 이루어졌던 과거 발전국가 시절의 대표적 성공 신화가 신자유주의적 상황하에서도 재연될 수 있다는 주장을 함축한다.

그리고 2012년 대선에서 새누리당 박근혜 후보의 슬로건은 '국민행복시대'였다. 이 슬로건은 단순히 경제성장과 발전만을 강조하는 것의 정치적 효용성이 약화된 당시 상황을 고려한 것이다. 복지와 경제민주화가 시대적 화두로 제기되었기 때문에 물질적, 비물질적 가치를 포괄할 수 있는 보편적 개념어인 '행복'을 전면에 내세운 것이다. 특히 2012년 대선에서는 야권 연대를 통해 진보 진영이 1% 대 99%(특권 자산가층 대 중산층과 서민)의 대결 구도로 프레임을 설정하여 강력한 계급정치를 시도했는데, 여기에 대한 보수의 대응은 '국민 100%의 행복을 추구하는 정당'이었다.

> "새누리당은 이번 총선을 맞이하여 '함께, 미래로'라는 기치를 내걸었습니다. … '내 편', '네 편'을 가르기 위해 소위 '1 대 99'의 대결 논리를 내세우는 것과 관련해 사회를 갈가리 분열시켜서는 안 되며, 함께 행복한, 함께 미래를 여는 세상을 만들겠다는 우국의 충정에서 그런 슬로건을 내세운 것입니다."[82]

여기서 보듯 보수 세력은 위기 극복을 위한 담론 전략으로 '국민'을 강조한다. 보수 세력은 진보 세력의 계급주의 전략이 사회를 분열시키기 때문에 경제 위기를 극복하는 데 도움이 되지 않는다고 지적한다. 그래서 보수 세력은 분열적 접근보다는 통합적 접근을 강조한다.

그리고 보수 세력은 자신들이 '일을 잘하는 주체', '일을 열심히 하는 주체'라는 점을 강조하는 담론 전략을 구사한다. 이와 관련해 먼저 보수 세력은 과거나 지금이나 동일하게 '경제' 문제를 자신의 정치적 정당성의 근거로 삼았다. 박정희 정권 시절 여당인 공화당을 상징하는 동물이 바로 황소였다.[83] 특히 한국에서 소는 주인을 위해 소리 없이 성실하게 일하는 동물로 인식되는데, 공화당이 소를 상징으로 한 것은 '말만 많지 실질이 없는 진보 세력'과 대비된 인상을 의도한 것이라고 할 수 있다.

그리고 박정희 대통령의 서민적 풍모를 강조하는 이미지로 많이 활용되는, 막걸리를 가운데 두고 농부들과 대화를 나누는 사진처럼 보수 세력은 민생경제를 위해서 헌신하고 노력하는 이미지에 집중한다. 이와 같은 모습은 이명박 – 박근혜 대통령으로 이어지는 시기에도 비슷한 맥락으로 나타난다. 현재 보수 세력은 다른 이슈에 비해 '경제와 민생'과 관련된 담론에 과도하다고 할 정도로 초점을 맞추고 있다. 이는 대중에게 보수 세력이 경제 위기 극복을 위해서 노력하고 있다는 인식을 형성하려는 목적인 것이다.

이에 대한 단적인 예는 2014년 10월 29일 박근혜 대통령의 국회 시정연설이다. 이날 연설에서 박근혜 대통령은 '경제'라는 단어를 59번, '재정'이라는 단어를 16번 강조하면서 연설 대부분을 이와 관련된 내용으로만 구성했다. 그러면서 세월호 문제 등은 언급하지 않았다. 이에 진보적 언론 등에서는 비판적인 입장[84]을 밝혔지만 보수 언론에서는 '경제' 문제에 집중한 박 대통령의 면모를 부각시키는 등[85] 보도 입장에 차이를 보였다. 그리고 이와 같은 전략은 효과를 발휘했다고 할 수 있다.

"공약을 다 지키지 못하는 건 여당이나 야당이나 다 똑같아요. 그리고 선거 때마다 좀 부풀려서 이야기하는 건 유권자들도 다 알아요. 중요한 건 진짜 누가 서민을 위하는 자세를 보이고 있는가에 있다고 봅니다. 그렇게 보면 새누리 쪽은 일관되게 경제와 민생만을 말해요. 그리고 다른 건 잘못하고 실수해도 경제와 민생만은 초지일관하게 강조하고, 노력하고 있죠. 그런 모습이 신뢰를 주는 겁니다."

오수택, 57세

이처럼 '경제와 민생'에 대한 보수 세력의 담론 전략이 정략적인 레토릭에 불과했다고 해도, 보수 세력이 진보 세력에 비해 '경제와 민생' 문제에 더 관심을 가지고 노력한다는 인상을 주고 있음을 확인할 수 있다. 이는 경제 문제에 관해 보수 세력에 우호적인 인식을 형성하는 효과를 내고 있다. 그리고 보수 세력은 이를 위해 경제와 민생 의제에 집중하며 일하겠다는 의지를 강하게 피력한다. 2014년 전라남도 순천-곡성 지역구 국회의원 재보궐선거에서 새누리당 이정현 후보가 당선됨으로써 이 효과는 증명되었다. 당시 이정현 후보는 자전거를 타고 다니는 등 조용하면서도 서민적인 자세로 접근했고 특히 각종 지역개발 공약을 효과적으로 제시하여 승리할 수 있었다.[86]

이제까지 살펴본 것처럼 보수 세력은 공동체 전체의 이익을 극대화하고 그 속에서 개인의 이익을 실현시키는 것을 대안으로 제시한다. 그리고 이와 같은 보수 세력의 의도가 집약된 담론이 바로 '낙수효과'와 '국민'이다. 스튜어트 홀Stuart Hall은 이러한 대처리즘에 대해 '계급보다는 국민과 국가 담론이 강조되면서 노조는 이기주의적인 것으로 그려지고 국가는 능동적이고 헌신하는 지도자상으로 그려진다'고 분석한 바 있다.[87] 이와 같은 홀의 진단은 한국의 현실에서도 타당성이 있다.

4 중산층과 서민은 왜 진보 세력을 외면하는가

계급론적 시각, 우리 현실에 적용해도 되는가

앞에서 살펴보았듯이 빈곤층은 보수 세력을 많이 지지한다. 특히 진보 정권 10년을 지나며 빈곤층 내에서 보수화 현상이 강하게 나타나고 있다는 점은 매우 주목할 만한 일이다. 그런데 이 시기에 범진보 세력이 중산층과 서민을 상대로 한 적극적인 계급정치 전략을 동원했다는 점을 고려하면 이들의 계급 배반 투표 현상은 더욱 역설적이다.

민주당 세력은 1997년 대선에서 승리한 이후 지속적으로 계급 정치 전략을 강화했다. 2012년 대선 과정에서는 진보적 정치사회 세력과의 연계를 강화하면서 계급정치 차원에서 상당히 적극적인 모습을 보였다. 그런데 이들의 기대와는 정반대로 민주당을 지지하는 경제적 소외계층은 오히려 줄고 있다.

그렇다고 민주당 정권에 실망한 경제적 소외계층이 그 대안으로 다른 진보 정당을 지지하는 것도 아니다. 더군다나 이 시기는 정치활동의 자유를 획득한 진보 정치 세력이 소외계층을 상대로 계급정치를 본격화했다는 점을 특히 유념해야 한다. 김대중 정권 등장 이후 민주노총이 합법화되고 노동운동 세력의 정치적 자유가 보장되면서 노조에 기반한 서구식 계급정당이 형성될 기회가 마련되었다. 그래서 2000년에 민주노동당이 창당되었고 2004년 총선에서 10석을 얻어 원내 제3당으로 올라서는 등 돌풍을 일으키기도 했다. 이처럼 진보 정치 세력은 과거 권위주의 독재 정권 시절과 다르게 자유로운 정치 활동을 전개했고, 국민들도 이들의 활동에 상당한 지지를 보냈다.

그렇지만 그 이후 진보 정당은 오히려 국민들의 지지를 잃었다. 민주당 계열 정당에 실망한 사람들이 다른 진보 정당 지지로 이어지지 않았고 오히려 진보 정당에 대한 국민들의 지지도 약화되었다. 국민, 특히 서민층이 진보 정당을 외면하게 된 것은 진보 정치 세력 본인들의 책임이 가장 크다. 권위주의 정권 시절이었다면 정권의 탄압과 같은 구조적 한계를 일종의 정치적 알리바이로 제시할 수 있었겠지만 지금은 그럴 수도 없는 형편이다.

진보 진영 내에서는 계급론적 시각에서 김대중으로 대표되는 민주당 세력의 한계를 비판하고 노동자 계급정당만을 진보적 정치주체로 파악하는 경우도 있다. 이들은 자신들이 보기에 보수 정당에 불과한 민주당 계열 정당이 '비판적 지지'를 통해 진보적 대중의 광범위한 지지를 받는 상황에 대해 못마땅하게 생각한다. 이들은 진보적 대중의 지지를 두고 민주당 계열 정당과 다른 진보 정당이 제로섬zero-sum 관계에 있다고 판단하고 진보 정당의 발전을 위해서는 '비판적 지지'를 이유로 민주당 계열 정당을 지지하는 진보적 대중이 다른 진보 정당을 지지할 수 있도록 견인해야 한다는 입장을 가지고 있었다.

그런데 이들의 바람과 현실은 전혀 다른 양상으로 전개되었다. 빈곤층 내에서 민주당 세력의 지지가 약화되는 것의 반사이익을 다른 진보 정당이 얻지 못했고 오히려 보수 세력이 취하는 대단히 역설적인 현상이 나타났다. 이는 기존 계급주의적 시각 및 전망이 현실화되지 못했다는 것을 의미한다. 객관적인 계급 조건과 주관적인 계급 의식 사이의 불일치가 나타나고 있는 것이다.

그리고 정당 영역뿐만 아니라 진보적 사회 세력에 대해서도 비슷한 현상이 나타나고 있다. 〈표5〉는 외환위기 이전인 1995년부

표5 노조 조직률 변화 추이 (단위: 명)

연도	1995	2000	2005	2010	2013
노조 조직률	13.8	12	10.3	9.8	10.3

자료: 고용노동부 〈2013 전국노동조합 조직 현황〉.

터 2013년까지의 노조 조직률을 나타낸 것이다.

노조 조직률은 노동조합에 가입할 자격을 갖춘 노동자 중에서 실제 노동조합에 가입한 조합원의 수를 나누어 구한 값을 백분율로 환산한 것이다. 이 표를 보면 한국의 노조 조직률은 전반적으로 낮은데 외환위기 이후 2005년경까지 감소세를 보이다가 그 이후에는 정체된 모습을 보이고 있다.

그런데 노조 조직률이 감소세를 보였던 때는 김대중-노무현 정권 시기이며 이때는 민주노총이 합법화되는 등 노동 계급의 정치 활동이 보장되었다. 그리고 이 시기는 신자유주의 재편 과정에서 노동자들의 사회경제적 지위가 불안정해졌기 때문에 자본에 맞선 노조의 역할과 필요성은 더욱 강해졌다고도 할 수 있다. 그래서 노동자들도 노조를 통해 조직화된 역량을 확보하는 것이 자신들의 계급 이익에 도움이 된다는 인식을 할 수도 있었다. 이러한 제반 여건을 고려하면 노조 조직률은 상승할 수 있었음에도 불구하고 오히려 외환위기 이전보다 25% 정도 감소한 상태에서 정체되어 있다. 이는 계급주의적 시각, 전망과는 사뭇 다른 현상이라고 할 수 있다.

서민 경제 위기가 심화되는 상황 속에서 진보 세력은 노동 계급을 비롯한 빈곤층의 이익을 대변하겠다는 입장을 내세우고 있다. 그럼에도 불구하고 빈곤층이 진보 세력에 대한 지지를 철회하고 오히려 보수 세력을 대안으로 생각하는 이유는 무엇인가? 계급론적 시각에서 볼 때 이처럼 모순적인 현상이 나타나는 이유는 과연 무엇인가?

진보가 불평등 문제를 해결한다고?

진보 세력은 중산층과 서민의 이익을 대변한다는 담론을 강조했고 상류 특권층을 배제하는 계급정치를 시도했다. 그런데 실제로 보면 보수 세력과 계급적 이해관계가 가장 대립된 것으로 보이는 빈곤층에서 보수 세력에 대한 지지도가 높게 나타난다. 그리고 심지어 이들 중에서는 진보 세력에 격렬한 반감을 토로하는 경우도 적지 않다.

> "주변에서 전두환 때가 좋았다는 말을 심심찮게 들을 수 있습니다. 물가도 안정되었고. 그렇다고 전두환을 지지한다는 게 아니지만 오죽하면 그런 말까지 나오겠어요? 내가 배운 게 많지는 않지만 민주화라는 게, 없는 사람들의 살림살이도 나아지게 하고 사회를 좀 평등하게 해준다는 거 아닌가요? 난 그렇게 알고 민주당만 찍어왔어요. 그런데 민주화가 돼서 좋은 건 민주화 팔아서 권력을 차지한 사람들이지 나 같은 서민은 뭡니까? 갈수록 불평등만 심해지고 있어요. 먹고 살기 너무 힘드네요. 독재 시절이 지금보다 먹고 살기 더 나았고 지금보다 평등했어요."

강윤미, 70세

강윤미는 경제적 측면에서 불평등 문제를 제기하고 있다. 강윤미는 민주화 이후 자신을 포함한 서민들의 삶이 오히려 어려워졌다는 점과 민주화 운동가들만 혜택을 보고 있다는 불만을 함께 토로했다. 강윤미는 자신의 현재 삶이 어려워지고 있다는 불평등의 절대적 측면과 자신의 처지와 정반대의 모습을 보이고 있는 민주화 운동가들을 비교한 불평등의 상대적인 측면에서 모두 불만을 토로한 것이다. 이처럼 경제적 불평등 문제를 지적하는 사람들이 많았다. 그런데 문제는 여기에서 그치지 않는다. 경제 분야 못지않게 교육 분야에 확산되는 불평등 문제를 지적하는 사람들도 많았다.

"민주화 이후 과거보다 불평등이 심해졌어요. 과거엔 개천에서 용 난다는 말도 있었고 학력고사를 보면 이따금 가난한 지방 학생들이 서울대 수석을 해서 '돈이 없어도 노력만 하면 되는구나'하는 생각을 하곤 했는데, 지금은 전혀 그렇지가 않아요. … 아무리 말로만 민주니 진보니 하면 뭐해요? 실상은 전혀 딴 판인데. 오히려 예전이 더 평등하고 서민들이 살기 좋았다니까요."

황훈희, 53세

여기서 유의해야 할 점은 강윤미와 황훈희 모두 권위주의 정권 시절이 더 평등하다고 인식한다는 점이다. 그러면 그 이유는 무엇일까? 먼저 경제적인 측면에서 과거를 평등하다고 언급한 경우, 전쟁 이후 사회는 미분화未分化되었고 대부분 사람의 사회경제적 지위는 하향 평준화된 상태였다는 점이 중요하다. 산업화 시기에는 '성장'과 '발전'에 역점을 두어 경제개발을 추진했기 때문에 '평등'은 정책의 우선순위에서 비켜나 있었다. 그래서 경제적 측면에서 과거가 더 '평등'하다고 인식하는 것은 정책의 효과라기보다는 그 당시 사회 상황과 관련이 있다.

그런데 교육정책은 경제 분야와 상당히 다르다. 불균등 발전 전략을 취한 경제 분야와 달리 박정희-전두환 정권의 교육정책의 기조는 '평등'에 방점을 두었다는 점을 주의 깊게 생각해야 한다. 이 경우 40대 중반 아래 세대는 잘 알지 못한다고 할 수 있으므로 세대 간의 기억의 차이가 크게 나타날 수도 있는 사안이다.

박정희 대통령의 서민적 이미지에 대해 진보 진영은 상징 조작 효과라는 등 대체로 부정적인 평가를 한다. 그러나 이는 박정희 대통령의 서민적 이미지에 내재된 실질적 내용을 제대로 파악하지 못하는 오류를 범하는 것이다.

우선 박정희 정권은 1969년 중학교 평준화, 1974년 고등학교 평준화 조치 등을 통해 중·고등학교 입시를 폐지하여 교육평준화에 상당한 기여를 했다. 진보적 사회학자인 조희연은 2014년 서울시 교육감에 당선된 이후 박정희 정권의 고교평준화 정책을 긍정적으로 평가하기도 했다.[88] 이와 같은 박정희 정권의 조치는 인

문계 위주의 엘리트 교육에 기반한 도시 중·상층 계급의 입장과 배치되는 평등주의적 성격을 보여준다.[89]

그래서 대한민국 건국 이후 지금까지 지속된 엄청난 과잉 교육열을 고려할 때 권위주의 정권의 교육평준화 조치는 지금의 장·노년층이 그 시절을 평등이라는 키워드로 기억하는 데에 큰 영향을 주었다고 할 수 있다. 인터뷰이 가운데 김민철(74세)은 박정희가 교육평준화 정책을 추진한 것에 대해 긍정적으로 평가했고 이러한 정책이 사람들에게 박정희를 '서민 대통령'으로 생각하게끔 영향을 주었다는 의견을 밝혔다.

이처럼 권위주의 정권 시절을 '평등'이라는 키워드로 기억하는 사람들의 인식은 나름대로 객관적이고 구체적인 근거에 기초한 것이다. 그렇게 보면 민주당 세력이 집권했던 10년 동안 그전보다 사회경제적 불평등이 악화된 것은 다른 어떠한 요인보다도 진보주의 전반에 대한 부정적 인식이 형성되는 데에 가장 큰 영향을 주었다고 할 수 있다.

위에서 살펴본 경우는 모두 진보 세력에 대해 실망을 넘어 배신감까지 가지고 있었다. 그래서 이들은 진보 세력의 진정성을 부정하기도 한다. 그런데 이와는 다르게 진보 세력의 진정성을 인정하지만 이들의 정책이 오히려 실제 중산층과 서민에게 불리한 효과를 내고 있다고 판단하는 경우가 있다.

"불평등 문제는 반드시 해결해야 해요. 그렇지만 평등을 말하면서 경제성장을 도외시하는 것은 바람직하지 않아요. 경제성장도 하고 경기활성화도 이루어져야만 분배를 할 수가 있는 거죠. 민주당의 의도는 좋지만 궁극적으로 결과가 좋아야 하는데, 그렇게 보면 이건 잘못된 거죠."

강교찬, 54세

서울에서 본인 명의의 30평대 아파트를 소유한 강교찬은 차분한 어조로 사회경제적 평등이 경제성장과 반드시 병행해야 한다는 논리를 여러 근거와 자료를 통해 강조했다. 그리고 자신은 경제적 평등을 지향하고 심정적으로 여전히 민주당과 진보 세력에 대한 애정이 있지만, 경제성장이 전제가 되지 않은 사회경제적 처방은 오히려 서민들에게 피해를 준다는 생각이 확고하다고 밝혔다. 그리고 정년퇴임 후 몇 년 전부터 자영업을 시작한 중간층 문택수도 강교찬과 비슷한 발언을 했는데, 이들은 모두 재벌이나 부유층을 상대로 한 개혁이 국내 경기하강을 초래하여 연쇄적으로 중산층과 빈곤층에도 피해를 준다고 판단한다.

이렇게 보면 진보 세력이 스스로를 중산층과 빈곤층을 위한 정치 세력이라고 규정하여 이들을 하나로 묶어 부유층과 분리하는 계급전략을 취하고 있지만, 오히려 중산층과 빈곤층은 이러한 전략이 자신들의 계급 이익에 부합하지 않는다고 판단하는 경우가 있는 것이다. 이는 진보 세력의 재벌 개혁 및 부동산 안정 정책의 의도하지 않은 효과라고 할 수 있다.

이제까지 살펴보았듯 진보 세력은 경제적 측면에서 성공을 거두지 못했다. 경제 분야 성과는 정치 세력을 평가하는 데 있어 매우 중요한 요인이다. 이 부분에서 진보 세력이 정치적 성공을 거두지 못하면서 진보 세력의 역사적 성취로 평가되던 '민주화'에 대한 부정적 담론이 형성되었다.

> "정치고 민주화고 다 필요 없어요. 먹고 살기가 이렇게 힘든데 그놈
> 의 민주주의는 아무짝에도 소용 없어요."
>
> 오수택, 57세

오수택은 경제적으로 빈곤층에 해당된다. 그가 '그놈의 민주주의'라는 말을 할 때 짓던 표정을 언어로 표현할 수는 없지만, 심층 인터뷰 과정에서 나타난 화자話者의 모습은 언어 그 이상의 의미가 담겨 있었다. 오수택이 분노와 회한이 섞인 복잡한 감정을 토로하며 담배를 피우던 모습에서 느끼는 바가 많았다. 여기서 보듯 민주화와 민주주의가 본인의 삶에 아무런 긍정적 개선의 효과를 주지 못한 것에 대한 울분이 오수택에게 쌓여 있다는 것을 알 수 있었다. 이를 단지 한 사람만의 문제로 볼 수 없다. 실제로 많은 사람이 오수택과 같은 생각을 하고 있기 때문에 이것은 사회적 현

상이라고 할 수 있다.

정치가 자신의 삶에 아무런 영향을 주지 않는다는 생각이 퍼질 때 정치 불신(혐오) 현상은 발생한다. 특히 변화를 통해 국민의 삶의 질을 향상시키겠다는 진보 세력이 이 부분에서 성공하지 못하면 실망은 좌절로, 좌절은 분노로, 분노는 응징과 보복 심리로 비화될 수 있다. 오수택의 간결하지만 강력한 표현은 현재 사회심리를 보여주는 하나의 예일 수 있다.

이와 같은 현상은 민주주의를 강조한 김대중−노무현 정권하에서 사회 불평등이 강화되자, 사람들이 정치적 민주주의와 경제적 민주주의가 분리된 것으로 인식하는 것과 관련이 깊다.[90] 그리고 민주당 세력이 정권을 잡아 국정을 운영한 시기에 정부는 민주화되었지만 다른 사회 영역인 언론, 교육, 종교, 기업, 법률 등의 영역은 역逆 민주화 또는 과두화되는 현상이 나타났다. 그래서 민주화가 되면 사회가 평등해질 것이라는 기대는 현실화되지 못했다.

이처럼 경제를 포함한 여타 사회 영역에서 불평등 현상이 심화되면서 민주주의 담론은 대중의 삶과 괴리되었다. 그래서 대중은 민주주의를 자신들과의 삶과는 무관하며 진보 세력의 정치적 이익 실현을 위한 도구에 불과하다는 인식을 하게 되었다. 이는 진보 세력에게 매우 치명적인 일이다.

"민주화 운동을 한 게 우리 같은 사람들을 위한 것이 아니잖아요?

결국 그 경력 팔아서 국회의원이 된 것 아닙니까? 그런 거 생각하면 참 씁쓸하죠."

강윤미, 70세

이와 같은 강윤미의 언급은 민주화를 통해 사회경제적 위기 극복을 기대했던 사람들에게 나타나는 일반적 인식이다. 민주화를 통해 이익을 얻는 자는 운동권 엘리트 세력이며, 일반인들은 그렇지 못하다는 것이다. 이처럼 '민주화'에 관해서 부정적인 평가를 하는 사람들이 많다. 그리고 이는 진보 세력도 인식하고 있다.

2004년 총선 승리 후 열린우리당이 연이어 선거에서 패배하자 2006년 6월 11일 김근태 열린우리당 의장은 "두 번의 집권으로 민주화 운동을 한 것에 대해 국민들이 보상을 했다"라고 평가하면서 "민주화 운동 전력을 훈장처럼 달고 다닐 때는 지났다"라고 언급했다.[91] 그리고 2014년 초 민주당 최재천 의원은 "민주당이라는 명칭이 패배주의적인 것을 포함한 부정적인 느낌을 준다"라고 평가하기도 했다.[92]

이처럼 현재 '민주화'와 관련된 담론은 현저히 위상이 추락한 상태다. 민주화 담론은 점점 더 화석화되고 특수화되고 있다. 그래서 이명박 정권 이후 한국 민주주의에 대한 여러 문제점이 나타나지만, 사람들은 과거만큼 이에 분노하지 않는다. 이런 것을 볼 때 현재 '민주주의' 담론에 대한 이들의 심리를 표현한다면 "지쳤다"

라고 할 수 있을 것 같다. 아마도 이들은 속으로 "그래 당신 말은 옳긴 한데, 그래서 나보고 어쩌라고" 이렇게 말하고 있지 않을까? 이처럼 정치적 민주화가 경제적 민주화로 이어지지 못한 것에 대한 여파는 크다고 할 수 있다.

그러면 그다음으로 경제적 측면에서 진보 세력의 민족정치 담론 전략이 성공하지 못하는 이유에 대해 살펴보려고 한다. 먼저 이번 인터뷰를 진행하면서 가장 많이 들었던 내용은 '퍼주기'와 '종북' 등 대북 문제와 관련된 담론이었다. 그런데 인터뷰 내용을 종합해보면 안보 불안과 관련해 대북 담론을 언급하는 경우도 있지만, 실제 2/3 이상은 대북 담론을 경제적 이유와 결부시켜 언급하고 있었다. 결국 대북 담론은 경제 담론과 접합되면서 진보 세력에 대한 부정적 인식을 강화하고 있었던 것이다. 이에 관한 대중의 부정적인 인식은 두 가지로 유형화할 수 있다. 첫 번째로 '퍼주기'가 경기활성화에 부정적인 영향을 주고 있다고 판단하는 경우이다.

"북한에 퍼주기를 해서 우리 경제가 좀처럼 회복되지 않는 것 아니에요? 하루하루 침이 바짝바짝 마를 정도로 힘든 나날인데 말이죠. … 그런데 왜 북한에 퍼주기를 합니까? 난 이것 때문에 민주당에 대한 지지를 철회했어요. 도무지 말이 안 되잖아요, 말이."

이영숙, 48세

'퍼주기' 담론은 남측의 경제적 상황이 열악하기 때문에 사람들의 정서를 자극한 면이 있다. 현재 삶이 어렵다 보니 북으로 가는 잉여자본이 남측에도 필요하다고 판단한 것이다. 따라서 '퍼주기' 정책 탓에 현재 남한의 경제적 어려움이 가중된다는 것이다. 이렇게 보면 '퍼주기' 담론을 통해 보수 세력은 경제적 어려움의 원인을 북한과 진보 세력으로 돌리면서 자신들은 그 책임에서 벗어나는 정치적 효과를 보고 있다.

두 번째 경우는 계급정치와 관련된 내용이다. 앞에서 살펴보았듯이 보수 세력은 진보 세력이 소외계층의 실질적 삶과 괴리된 관념주의적 태도를 보인다고 비판하고 있었다. 이와 같은 비판의 근거 중 하나로 진보 세력의 대북 인식과 태도를 제시하고 있다.

"북한에 그렇게 갖다 주면 뭐합니까? 결국 북한 지도부가 그걸로 무기도 만들고, 사치 생활도 하는 거지요. 그런 줄 알면서도 북에 퍼주는 건 뭡니까? 결국 남북한 지도자들, 자신들 끼리끼리 하는 거죠. … 아 그리고 민주당은 왜 허구한 날 북한에만 신경쓴답니까? 우리 같은 서민들은 눈에 들어오지도 않는 거지… 우리나라도 아직 끼니 걱정하는 아이들이 있는데, 이런 걸 생각하면 뭐하는 짓인가 싶어요. … 결국 남이나 북이나 결국 힘없는 민초들만 고생인 거죠."

오상희, 49세

오상희는 계급정치 맥락에서 진보 세력의 대북 정책의 부정적인 측면에 대해 상당히 예리한 시각을 보여준다. 오상희는 진보 세력의 대북 지원은 북한 민중뿐만 아니라 남한 민중에게도 도움되지 않고 남북한 정치 엘리트들만의 정치적 거래에 불과하다고 인식한다. 그리고 오상희는 진보 세력이 서민 경제와 관련한 국내 문제보다 북한 문제에 집중한다는 점을 비판한다.

이렇게 볼 때 경제활성화를 목적으로 한 진보 세력의 민족정치는 본래 의도와 상관없이 결과적으로 자신들의 계급 동원 전략에 부정적인 영향을 주고 있다. 이처럼 보수 세력이 제기하는 '퍼주기', '종북' 등의 대북 관련 담론은 경제 문제와 결부되면서 진보 세력에 대한 부정적 인식을 강화하는 이데올로기적 효과를 내고 있다.

고매한 이상을 추구하는 진보, 실물 경제 해결 능력은 약하다

그다음으로 현안 해결 능력에 대해 살펴본다. 이 지점에서 보수는 상대적으로 진보에 비해 높은 평가를 받고 있다. 흔히 사람들은 '보수＝현실＝경제', '진보＝이상＝민주'라는 이항대립적 틀로 이해하는 경향이 있는데, 이와 같은 인식 프레임이 각 세력에 대한 전망과 기대에 영향을 주는 것이다.

"내가 보기엔 진보 쪽 사람들은 사람은 좋아 보이고 이상은 좋아 보이는데, 현실적이지가 못해. 어떻게 보면 그러니까 자기희생도 불사해가면서 민주화 운동도 하고 그렇지만 정작 정권을 잡은 후에 경제를 제대로 할 줄 모르잖아."

윤광혁, 53세

윤광혁의 인터뷰 내용을 보면 앞서 말한 인식 프레임을 그대로 확인할 수 있다. 윤광혁은 진보 세력을 불의에 맞서 자기희생을 마다하지 않는 도덕적인 존재로 판단한다. 그런데 그는 도덕적인 감성과 열정만으로 경제와 같은 현실 문제를 해결하기 어렵다고 인식한다. 더 나아가 그는 경제와 같은 현실 영역은 교과서적인 당위나 도덕적 원리로만 운영되는 것이 아니기 때문에 문제 해결 능력을 얻기 위해서는 어느 정도 일탈을 감수하면서 쌓은 경험(윤광혁은 이를 경륜이라고 표현했다)이 필수라고 판단한다.

그런데 이런 모습은 도덕적 이상을 추구하고 지사적 풍모를 강조하는 진보 세력과는 맞지 않는다. 물론 진보 세력이 모두 그런 것은 아니다. 그러나 대체로 보면 많은 사람이 절대적 기준에 의해서든 상대적 기준에 의해서든 진보 세력을 위와 같이 인식하는 경향이 있다. 그래서 사람들은 진보 세력의 사고방식과 태도를 인정하지만, 다른 한편으로 진보 세력이 현실 문제에 대처하기 위한 경세가적 자질은 부족하다는 판단을 하기도 한다.

"예전에 이명박 대통령보고 기업 운영하면서 여러 문제가 있었다고 야당이 비판하고 그랬잖아. 근데 구멍가게를 하거나 일반 회사를 다녀 봐도 그런 정도의 문제는 일하다 보면 생기게 된다는 걸 다 알게 돼. 오히려 그런 걸 모르고 그런 것에 과도하게 분노하는 걸 보면 세상물정 모른다고 밖에 볼 수 없어."

이영숙, 48세

여기서 '세상물정 모른다'는 표현이 나오는데 이는 도덕적 당위를 내세우는 행위를 '비현실적'으로 규정하는 것이다. 이처럼 두 세력에 대하여 '진보＝이상＝민주화', '보수＝현실＝경제'라는 사회적 인식이 형성되어 있다. 그런데 사람들은 진보 세력이 모든 영역에서 비현실적이라고 생각하는 것은 아니다. 그러나 이 경우에 있어서도 이들은 진보 세력이 정치권력에서는 현실적인 면이 있지만 경제에서는 그렇지 못하다고 판단한다.

"운동권은 투쟁만 할 줄 알았지 언제 조그마한 장사라도 해본 적 없잖아요? 투쟁의 시대엔 투사가 필요한 건 맞지만 지난 정부에서 하는 걸 보면 민주투사들은 경제에는 감이 없어요. 정치권력을 차지하려면 온갖 권모술수가 다 동원되고 그러잖아요? 그런 것 없이 어떻게 정치를 합니까? 경제도 마찬가지예요. 권력을 차지하기 위한 과정도 그런데 돈은 오죽하겠어요? 더럽고 매정한 것으로 치자면 권

력과 돈, 정말 막상막하 아니겠습니까? 그런데 민주화 세력은 권력

을 만들고 쟁취하는 것에는 상당한 기술과 능력이 있지만 경제는 아

니라는 거야."

김기철, 55세

배링턴 무어Barrington Moore는 '부르주아가 없으면 민주주의도 없

다No Bourgeoisie, No Democracy'라는 유명한 명제를 제시하며 서구 민

주주의 발달 과정에서 자본가 계급의 역할을 강조했다. 그리고 예

란 테르보른Göran Therborn은 민주화가 지배계급의 선의에 의해 이

루어진 것이 아니라 노동 계급의 쟁취에 의해 이루어졌다는 점을

강조했다. 이와 같은 논의는 강조점은 달라도 기본적으로 자본주

의 체제 속에서 계급과 민주주의의 상관관계를 설명한 것인데, 한

국은 이와 다른 모습을 보여주고 있다. 한국의 민주화 운동은 특

정 경제 주체가 주도하지 않고 지식인과 대학생이 중심적인 역할

을 했다는 점이 특징이다. 그리고 이들은 도덕과 정의와 같은 당

위론적 행위 근거에 기초해 운동을 전개했기 때문에 관념적, 도덕

적, 낭만적 성격이 강하다.[93]

　기본적으로 학생과 지식인 세력은 조선 시대 성리학자들처럼

생산 현장과 괴리된 지식인 집단으로서 도덕과 명분을 강조하는

집단적 에토스를 가지고 있었다. 그리고 권위주의 정권의 노동 통

제로 인해 노동운동이 민주화 운동과 결합되지 못한 결과 '민주

화'의 성격에 자본주의 생산관계와 관련된 이해관계가 제대로 반영되지 못했다. 이와 같은 측면이 복합적으로 결합되어 진보 세력의 동원 논리에는 이해관계적 측면보다 도덕적 요소가 강하게 반영되었다. 또한 이는 사람들이 진보 세력을 현실적인 마인드가 부족하다고 판단하는 데에도 큰 영향을 준다.

이제까지 '진보 세력은 경제 문제 해결 능력이 부족하다'는 인식이 발생하게 된 원인을 살펴보았다. 그러면 사람들은 왜 보수 세력이 경제 문제 해결에 있어 유능하다고 판단하는 것일까? 이를 위해 먼저 다음 인터뷰 내용을 살펴보도록 하자.

"경제라는 게 결국 돈이잖아. 돈을 늘리고 나누는 거 그게 경제잖아. 보수 세력은 그 과정에서 이권에 개입해 부정부패도 저지르고 했지만 돈을 관리하는 방식을 잘 알지. 더구나 예전엔 독재시대니까 선거도 없으니 자기 맘대로 하다가 저항도 받았지만 지금은 사람들이 투표를 하니까, 이 사람들도 민주주의 마인드가 있어. 게다가 돈을 관리할 줄 아니 당연히 보수가 경제를 잘할 수밖에 없어. 민주당보다는."

강교찬, 54세

여기서 보면 사람들은 보수 세력이 한국의 경제 발전을 주도했고 그 과정에서 현실주의적 경제철학을 체화했을 것으로 판단한다. 그래서 보수 세력이 진보 세력보다 경제 문제 해결을 위한 노하우가 더 있다고 판단한다. 그렇지만 진보 세력은 이와 다르다는 것이 이들의 생각이다.

"조선 시대 때부터 보세요. 우리나라는 글만 읽을 줄 아는 선비들이 지배해서 유학은 발전했을지 모르지만 과학이나 경제 이런 것에는 신경을 덜 쓰다 망했잖아요. 지금도 그래요. 민주화 운동 세력은 옛날 선비 같은 고매함이 있다는 건 인정하고 존중해야 한다고 생각하지만, 그것만으로는 험난한 세상에서 살아남기 힘들죠."

이창혁, 69세

많은 사람이 현실은 약육강식의 논리가 작동하고 사실상 부정부패, 탈법, 도덕적 탈선이 생존의 논리로 용인되는 곳으로 생각한다. 특히 그 중에서도 경제(돈)를 가장 현실주의적인 논리가 작용하는 영역으로 이해한다. 그런데 한편으로 보면 정치(권력) 역시 경제 영역 못지않은 냉혹한 현실주의적 논리가 작용한다고 볼 수 있는데, 김기철의 인터뷰에서 보듯 사람들은 진보 세력이 정치권력에 대한 이해는 밝지만 경제 분야에 대해서는 그렇지 못하다고 인식한다. 이는 '진보 세력＝민주주의', '보수 세력＝경제'라는 이항대립적 프레임과 연관되어 있다. 그래서 대중은 진보 세력의 계급정치 전략을 자신들의 경제적 이익을 증진시킬 수 있는 현실주의적 전략으로 인식하지 못하고 있다.

가난한 사람들은 진보 세력을 '내 편'으로 생각하지 않는다

그다음 원인은 노동 계급 내의 단일한 정체성 형성이 어렵다는 데에 있다. 현재 이중노동시장에 의한 노동 양극화 현상은 매우 심각하며 이와 같은 여건 속에서 단일한 노동자 정체성 형성은 어불성설이다.

대기업 정규직 노동자 등 이중노동시장 내에서 상위에 속한 노동자들은 정년이나 정년에 준하는 고용 보장, 고임금 및 각종 사내 복지 혜택 등을 받고 있다. 반면에 하위에 속한 중소기업 및 비정규직 노동자들은 저임금과 고용불안정 상태에 놓여 있으며 사회복지 혜택을 거의 받지 못하거나 받아도 낮은 수준에 머물러 있다. 그리고 설상가상으로 시간이 갈수록 그 격차가 커지고 있다.

먼저 임금 격차를 살펴보도록 하자. 통계청 자료에 의하면 정규직 대비 비정규직 임금 비율은 2002년에는 67.1%이고 2014년에는 55.8%이다. 그리고 기업 규모에 따른 임금 양극화도 심화되어 5~9인 규모의 중소사업자 대비 500인 이상 대기업 노동자의 임금 비율은 2001년에는 138.33%였다가 2014년에는 174.3%로 격차가 커졌다.[94] 임금뿐만 아니라 사회보험 가입률도 차이가 있다. 〈표6〉은 고용노동부의 2014년 '고용형태별 근로실태조사'에 근거해서 정규직과 비정규직의 가입률을 나타낸 것이다.

표6	고용형태별 사회보험 가입률[95]			(단위: 명)
사회보험 고용형태별	건강보험	고용보험	국민연금
정규직	97.8	95.4	97.6
비정규직	51.2	63.0	48.2

이처럼 이중노동시장 내에서의 노동 양극화 현상을 고려할 때 노동 계급 사이의 단일한 계급 정체성이 형성될 수 있을 것이라는 예측과 기대는 매우 현실성이 떨어진다.

이와 같이 경제적인 원인 외에도 중요하게 살펴보아야 할 부분은 진보 세력과 빈곤층과의 정서적 연대감이 잘 형성되지 않으며 심지어 심각한 괴리감까지 나타나고 있다는 사실이다. 정치적 동원의 관점에서 볼 때 상층 엘리트 세력과 일반 국민 사이의 소통은 매우 중요하다. 소통이 잘 되어야 사회적 결속력을 강화할 수 있으며 정치적·정책적 실패로 인해 발생하는 사회 결속력의 이완이 악화되지 않을 수 있다. 그렇게 볼 때 진보 세력은 '소통'의 측면에서 실패하고 있으며 이는 진보 세력의 계급정치가 제대로 효과를 발휘하지 못하는 데 매우 중요한 원인으로 작용한다. 여기에서는 '소통'을 '도덕'과 '감성' 두 가지 측면에서 살펴보려고 한다.

먼저 도덕성 측면을 살펴보자. 도덕은 정치 지도자와 정치 세력에 신뢰를 형성하는 데 가장 기본적인 요소이다. 특정 정치 세력에 대해 '도덕적이지 못하다'는 평가가 형성될 경우에 그 세력에 의한 정치적 동원이 성공할 가능성은 낮아진다. 도덕적으로 낮은 평가를 받는 상황 속에서도 성공하려면 두 가지 조건이 필요하다. 하나는 다른 부분에서 압도적으로 좋은 평가를 받아 도덕적인 한계를 상쇄할 만한 능력이 있거나 아니면 물리적 억압력을 동원하여 문제의 공론화를 봉쇄할 능력이 있는 경우이다. 그런데 이 두 가지는 현실 가능성, 지속성 측면에서 볼 때 한계가 있기 때문에 결국 도덕성은 정치적 동원을 위한 기본적 요인이 된다.

그러면 어떤 도덕이냐가 중요한 관건이 된다. 보수 세력의 동원 전략은 현실주의적 힘의 철학에 기초한 국가주의적 성격이 강하고, 진보 세력의 동원 전략은 도덕적 휴머니즘 요소가 강하다. 도덕적 휴머니즘이란 소외받는 민중을 위한다는 대의 실현을 위해, 진보 세력이 이들에게 다가가 이들의 고통에 공감하고 이들의 고통을 보듬는 과정 속에서 형성된 가치를 뜻한다. 진보 세력은 더욱 폭넓은 정치적 동원을 위해 이 도덕적 휴머니즘을 강조했는데, 역으로 이것이 진보 세력의 가장 약한 고리가 될 수도 있다. 그래서 민중을 위한다는 진보 세력의 의도에 대해 회의감이 형성되고 확산될 경우, 진보 세력과 민중 사이의 소통의 기초는 무너지게 된다.

"운동권 엘리트들끼리 자기들만의 세상에 빠져 자아도취하는 모습을 보니 이건 아니다 싶고 괴리감이 느껴지더라고요. 그러면서 노동자, 민중 이렇게 이야기하면 그게 통하겠어요? 정치꾼이 다 되어서 이젠 힘없는 서민을 이용해 자신들의 정치적 이익을 얻으려는 것으로 밖에 안 보여요."

최태호, 47세

최태호뿐만 아니라 윤광혁도 진보 세력이 내세우는 '노동자와 민중을 위한 정치'라는 담론이 진보 세력의 정치적 이해관계를 위한 구호에 불과하다는 부정적인 견해를 밝혔다. 그러면 이들은 왜 그런 생각을 하게 되었고 왜 그와 같은 변화가 이들에게 나타나게 되었을까?

최태호와 윤광혁은 학생운동권 출신들이 정치인으로서 활동한 것을 보면 그들이 주장하는 정치적 구호의 진정성을 확인할 수 없었다고 공통적으로 말한다. 심지어 윤광혁은 학생운동을 할 때에도 진짜 고생한 사람은 학생운동 리더들이 아니라 무명의 인사들이었다고 말하며 총학생회장 출신 정치인에 대한 반감을 강하게 표출했다.

그런데 이들의 진보 세력에 대한 인식이 이러한 요인만으로 악화된 것은 아니다. 진보 세력의 정치적 무능과 전체적인 사회 환경이 배경으로 작용했다면, 결정적으로 둘 사이의 간극이 넓어지게 된 계기는 문화적, 정서적 괴리감이 형성되었기 때문이다. 최태호와 윤광혁은 학생운동권 출신 정치인들이 2004년 총선에서 당선된 이후에 청와대에 가서 '임을 위한 행진곡'을 같이 부른 사실을 공통적으로 언급했는데, 이에 대해 자신들은 모두 상당한 괴리감을 느꼈다고 토로했다.

"뭐 하는 건가 싶더라고요. 그때부터 과거의 추억과 낭만에 취해 있는 게 아닌가 하는 우려가 들었고 결과적으로 내 예상은 빗나가지 않았던 거죠."

윤광혁, 53세

윤광혁과 최태호 모두 과거 학생운동을 할 때에 이 노래를 같이 부르고 공감하기도 했지만, 2004년에는 그렇지 않았다고 말했다. 이들은 학생운동권 출신 정치인들이 과거 경력을 출세의 도구로 삼은 채 단지 향수에 빠져 있는 것이라고 생각한다. 그리고 이와 같은 진보 인사들의 태도를 '퇴행'이라고 판단한다.

"운동권 출신 정치인들을 보면 생활인으로서의 기본적 자질이 부족한 경우를 종종 보게 돼요. 급여를 받든, 구멍가게 같은 조그마한 장사를 하든 생활인으로서 경험을 해야 민생에 대한 이해가 생길 텐데, 사회운동만 하다 갑자기 정치인으로 성공해버리니 그렇지가 못한 거예요. … 마땅히 알아야 할 생활인으로서의 태도를 경험하지 못했고 남는 건 과거 학생운동할 때의 향수뿐이니… 일종의 퇴행입니다, 퇴행. 특권층 정치인들을 보면 마을버스 요금이나 옥탑방 등 서민 생활에 대해 잘 몰라서 곤욕을 치루기도 하잖아요? 눈에 보이는 게 아니더라도 운동권 출신 정치인들도 알고 보면 정말 깨는 경우가 많을 겁니다."

최태호, 47세

1980년대 수많은 사람이 민주화 운동에 동참했지만 그 이후에 직업적으로 사회운동, 시민운동, 정당 활동을 한 사람들은 소수다. 대다수는 임금노동자가 되거나 자기 사업을 하며 삶을 영위하는 생활인으로서 살아간다. 사람들은 운동권 출신 정치인들이 경세가적 마인드가 부족하여 현재 위기를 극복할 대안을 마련하지 못한 채 과거의 향수에만 빠져 있다고 판단한다. 이러한 정서적 괴리감 때문에 진보 세력의 계급 담론이 효과를 발휘하지 못하는 것이다.

이처럼 진보 세력을 엘리트 집단으로 규정하여 민중과 괴리시키려는 현상은 일본에서도 나타나고 있다. 고재열은 "일본 우익 활동그룹 재특회(재일 특권을 용납하지 않는 시민 모임)의 중요한 프레임 중 하나는 좌파 집단을 부르주아 엘리트 집단으로 규정한다는 점이다. 요네다 류지 재특회 홍보국장은 '우리는 일종의 계급 투쟁을 하고 있다. 우리의 주장은 특권에 대한 비판이고, 엘리트 비판이다. 원래 좌익은 사회의 엘리트다. 예전의 전공투全共鬪[96]

운동도 사실은 엘리트 운동이었다'고 주장한다"라고 이야기한다. 고재열은 "이와 같은 일본 우익의 모습은 진보 성향 인물을 비하하며 '십선비'[97]라 부르는 일베 이용자들의 인식과 비슷하다"[98]라고 설명한다.

진보 대 보수의 구분이 아니라 진보 엘리트 대 민중이라는 대립축을 강조하는 보수 세력의 전략은 상당한 효과를 발휘한다. 그리고 대중은 진보 세력이 도덕적 우월감에 취해 과거의 향수에 빠져 있다 보니 대중이 생활인으로서 겪는 현실적 고민에 대해 공감과 이해가 부족하다는 점을 지적하기도 한다.

"운동권이 지금도 진보일까요? 전 아니라고 생각해요. 진보는 계속 변해야 하는데, 운동권들은 자기 우월감에만 도취되어 과거에만 머물러 있잖아요? 그게 어떻게 진보입니까? 그때 학생회장을 하지 않았던 일반 학생들은 생활 전선에 뛰어들어 오히려 현실적인 고민을 하며 치열하게 살고 있고, 심지어 보수 세력들도 변하려고 노력하는 상황에서 유일하게 변하지 않는 세력은 운동권이 유일할 겁니다. 다 자기 잘났다는 생각에 변할 생각이 없는 겁니다."

최태호, 47세

위의 내용을 종합해보면 대중은 진보 세력이 현실 감각도 떨어지고 복고적인 태도로 일관하여 실질적인 대책도 내놓지 못할 뿐만 아니라 정서적으로 괴리감을 준다고 인식한다. 그리고 이와 같은 진보 세력에 대한 부정적 평가는 학생운동 세력만을 상대로 나타나는 것은 아니다.

"내가 지구당에서 지역 정치를 하면서 느낀 건 '중산층과 서민을 위한 정당'이 당의 정신이라 말하던 사람들의 이율배반적인 모습이에요. … 특히 지자체가 생기고 난 뒤 선출직 장이 임명할 수 있는 자리가 꽤 생겼는데, 그런 자리에 능력 위주의 인선이 아니라 다 끼리끼리 해먹고 심지어 친인척 관계에 있는 사람들을 낙하산으로 보내는 경우도 있어요. 그러면서 선거 때가 되면 다시 '중산층과 서민을 위한다'고 말해요. 한마디로 기가 차는 일이죠."

강교찬, 54세

강교찬은 민주당 수도권 지역에서 몇 년간 중간 간부로 활동한 경험이 있다. 강교찬은 지역 내 현실 정치과정에서 실망감을 느꼈는데, 그 핵심이 바로 정치인들의 정치적 레토릭과 현실적 행동 사이의 괴리였다. 이와 같은 현상은 진보 진영 내의 주요 사회세력 중 하나인 노조에서도 나타난다.

"난 자동차 제조업체에서 근무했어요. 자동차 산업은 그 특성상 여러 하청업체가 연계되어 있죠. 난 거기서 근무했어요. … 근데 우리 같은 사람들은 실무자들하고만 이야기하는데 그 사람들이 전부 노조잖아요. 그런데 이 사람들은 자기 이익 챙기는 데에는 혈안이 되어 있으면서 우리 같은 사람들은 자기들 아랫사람 취급한다니까. 아랫사람 취급하는 것도 기분이 나쁜데 자기들 임금 좀 더 받겠다고 파업을 끝내지도 않고 그래서 내가 아는 회사 한 곳은 어음을 막지 못해서 망했다니까요. … 그 이후로 노조가 노동자를 위한다고 뭐라고 떠드는 거 보면 정말 속이 터져요."

김기철, 55세

위의 내용은 강교찬과 김기철이 지역 정당 조직, 노조 등 정치적 정체성이 있는 조직에서 겪은 경험에 기초한 것이다. 특히 김기철이 '아랫사람'이라고 표현한 부분은 주목할 필요가 있다. '아랫사람'이라는 표현은 봉건적인 신분제의 문화적 유산이라고 볼 수 있다. 물론 근대화된 현대 사회도 재산 및 권력에 따른 사회적 계층의 차이가 존재하는 것은 명백한 사실이다. 그러나 이를 통해 사람의 인격이나 가치에 위계를 두는 것은 민주주의 원리에 비춰 볼 때 옳지 못한 행위다.

그런데 한국은 봉건제적 유습이 여전히 잔존하는 탓에 이와 관련된 볼썽 사나운 모습들이 때때로 나타나기도 한다. 물론 정도의 차이는 있겠지만 진보 세력 역시 같은 문제점을 보이고 있다. 그런데 진보 세력은 도덕적 휴머니즘에 기초하여 계급정치를 통한 사회적 연대를 지향하기 때문에 이러한 문제점은 보수 세력에 비해 더 심각한 타격을 주게 된다. 김기철의 언급은 그런 의미에서 중요한 의미가 있다. 그다음에 살펴볼 내용도 위와 유사한 맥락에서 이해할 수 있다.

"회사 창업을 같이한 분이 과거에 운동권으로 상당한 위치에 있던 사람이고 당시 연관되었던 386 정치인들과 현재까지도 사적인 인간관계를 맺을 정도의 인물이에요. … 굉장히 권위주의적이어서 부하 직원들 중에 그분을 좋아하는 사람이 없어요. … 이런 모습들이 소위 민주화 인사들에 대한 반감으로까지 번져 농반진반으로 그분 때문에 진보가 싫다고 한 사람들도 여럿 보았어요."

윤광혁, 53세

위에서 언급된 내용은 일반 회사, 정당, 노조 등 각각 영역은 다르지만 맥락은 사실상 같다. 윤광혁은 박제화된 민주화 운동의 역사를 단지 낭만적 추억의 대상으로만 여기고 현실에서는 이와 다른 모습을 보이는 대상을 비판하고 있다. 그리고 강교찬과 김기철은 정당과 노조 등 민주화 운동과 관련된 조직에서 민주화 이후 나타난 조직 이기주의에 대해 비판한다.

이처럼 도덕적 휴머니즘을 강조한 진보에 회의감을 느끼는 사람들이 다양한 영역에서 발생하고, 이는 진보 세력에 대한 도덕적 신뢰 형성을 어렵게 한다. 사실 도덕적 신뢰는 진보 진영에 있어 특히 중요하다. 대중이 자신들에게 변화가 이익이 될 것이라는 믿음을 갖게 될 때 진보 세력은 정치적인 힘을 가질 수 있다. 이와 같은 믿음이 형성되기 위해서는 현상 변경이 초래하는 불확실성의 벽을 넘어야 하고, 대안을 자기 것으로 체화하기 위한 각종 실천이 이루어져야만 한다. 또한 개인으로는 힘을 발휘할 수 없기 때문에 이들을 한데 묶어 조직화된 역량을 창출하는 것이 필수다. 이런 모든 과정에서 도덕적 신뢰는 중요한 역할을 하기 때문에 신뢰가 흔들리게 되면 진보 세력의 동원 전략은 성공하기 어렵다.

이제까지 도덕적 측면에서 진보 세력과 대중 사이의 소통의 문제점에 대해 살펴보았다. 그다음으로 살펴볼 부분은 감성과 관련된 부분이다. 사람과의 관계를 맺을 때 상대의 태도는 '감성적 소통'에 큰 영향을 준다. 최근 들어 정치사회적 보수화와 민주화 운동 세력의 위기를 분석하는 데에 있어 '감성'은 중요한 요인으로 인식된다. '화법'을 중심으로 한 태도 문제는 불과 얼마 전까지 거의 주목받지 못했으나, 이에 대한 심각성이 대두되면서 정치 세력도 관심을 쏟기 시작했다.

2013년 3월에 김부겸은 대선 패배 이후 민주당이 해야 할 핵심 과제로 '싸가지 있는 집단으로 거듭날 것'을 언급했다.[99] 그리고 18대 대통령 선거에 출마했던 문재인은 그해 12월 출간한 대선 평가 회고록에서 민주화에 대한 헌신과 자부심이 지나쳐 소위 '싸

가지 없는 진보'를 자초한 측면이 있음을 밝혔다.[100] 그뿐만 아니라 대선 패배 이후 침체를 벗어나지 못했던 민주당은 2014년 신년을 맞이하여 세 가지 개혁 프로젝트를 마련했는데 그 중 하나가 바로 '막말 추방'과 '싸가지 있는 집단으로 거듭나기'였다.[101]

사실 범진보 진영의 문제점이 크게 제기된 것은 2012년 대선 때가 아니라 노무현 정권 시절이었다. 당시 노무현 정권과 열린우리당 인사들의 격한 언행은 이따금 정치 쟁점화되었다. 한 예로 2006년 지방선거 유세 과정에서 박근혜 당시 한나라당 대표가 테러를 당해 안면 부위의 수술을 받았는데, 이를 두고 당시 노혜경 노사모 대표가 "처음에 17바늘 꿰맸다더니 다시 60바늘 꿰맸다고 하는 것을 보면 성형도 함께 한 모양"이라 발언하여 큰 비난을 받았다.[102] 이 사안은 결코 간단하게 볼 수 없다.

> "난 원래 정치에 별로 관심이 없었는데, 2002년에 노무현 후보가 서민적으로 보이고 고생도 많이 한 것 같아 많이 좋아했었고 지지도 했었죠. 그런데 그 뒤로 그쪽이 하는 걸 보니까 너무 실망스러워요. 무엇보다 사람들이 너무 거칠고 좀 악에 차 있다고나 할까. 그래서 그런지 너무 차가워 보이고 정서적으로 거부감이 많이 생겨요."
>
> 한선희, 60세

이 같은 한선희의 발언은 '감성적 소통'의 측면을 강조한 인터뷰 대상자들의 공통적인 발언을 담고 있다. 그러면 이들이 거부감을 느끼는 이유는 무엇인가?

"누구를 지지한다고 할 때 좀 창피하지 않아야 한다고 생각해요. 정치인이 욕을 먹어도 중요한 일을 하는 것이고 사람들을 대변하는데, 그 정당을 지지한다고 할 때 창피하다는 느낌을 주어서는 안 된다고 생각해요."

오미현, 57세

정치의식과 정치 성향은 고상한 이념에 의해서만 형성되는 것이 아니며 문화적 취향과도 관련 있다. 이성적으로 옳다고 판단해도 감성적으로 싫으면 어떻게 할 도리가 없는 것이다. "저 사람은 사람 됨됨이도 좋고 조건도 좋아서 배우자로 적격이에요. 그런데 도무지 이성으로 끌리지 않아요." 이것은 결혼을 고민하는 남녀가 흔히 토로하는 고민인데, 정치인을 지지하는 것과 맥락이 비슷하다. 정치인의 이념과 정책도 중요하지만 이미지 역시 매우 중요하다. 대중이 진보 세력에 대해 '창피하다'고 생각하고 '악에 차 있어 보여 거부감이 든다'는 생각을 하는 상황 속에서 두 행위 주체 사이의 원활한 소통을 기대한다는 것은 어렵다.

그다음으로 진보 세력의 독선적 태도를 문제 삼는 경우를 살펴보자. 독선적인 태도는 어느 정치인에게나 나타날 수 있는 문제점이지만 독선적이라는 평가는 대중 정치인으로서 성장하는 데에 상당히 부정적 요인으로 작용한다. 일반적으로 독선적이라는 평가는 두 가지 경우에서 제기된다고 할 수 있다. 권력을 가진 측의 강압적인 태도와 선민의식을 가진 엘리트들의 계몽적인 태도이다. 정치적 차원에서 보면 전자가 보통 권위주의 세력에 해당한다면 후자는 선민의식을 가진 진보적 엘리트 정치인들에게 때때로 나타나는 현상이다. 진보 세력의 독선적 이미지는 후자와 관련된 것인데, 정의를 독점하고 지적인 우월함이 있다는 일반적인 평가와 연관된다.

"내가 운동권 출신 야당 정치인들에게 배신감을 느끼는 가장 큰 이유는 그들이 잘난 척을 많이 한다는 점입니다. 사람이 겸손할 줄 알아야 합니다. 특히 민중을 위해 운동하고 정치를 한다면 더욱 그래야지, 아니 자기들이 배운 것도 많고 좋은 대학 나왔다고 잘난 척 하는 건 뭡니까? 너무 독선적이에요. 서민들의 말에 귀를 기울이는 자세가 필요한데 말로만 서민 타령 하고."

오수택, 57세

김미숙도 오수택과 비슷한 입장을 밝혔다. 이들은 독선적인 태도로 일반 국민을 계몽의 대상으로 대하는 운동권 세력에 대해 부정적인 평가를 하고 있다. 이와 같은 현상이 나타나는 이유는 이들의 세계관과 관련이 있다. 앨버트 허시먼Albert Hirschman이 "진보주의자들은 여전히 진지성이라는 수렁에 빠져 있다. 그들 대부분은 오랫동안 의분에는 강하지만 풍자에는 약했다"[103]라고 말한 것처럼 진보주의자들은 대중의 일반적인 감성과 행태를 체화하는 데에는 약점을 보인다. 그리고 조지 레이코프George Lakoff는 진보주의자들이 근대 계몽주의적 세계관에 기초한 합리적 인간관을 신뢰하여 사람들에게 진리를 제대로 알려주면 자신의 이익에 합당한 올바른 결론에 이르게 될 것이라는 인식을 하는 경향이 있다고 지적한다.[104] 이와 같은 계몽적 자세는 상대방의 자존심을 상하게 할 가능성이 높은데, 한국의 진보 진영에서 이와 같은 문제점이 나타나고 있는 것이다.

진보 세력은 보편타당해 보이는 당대의 사회 현실에도 모순이 존재할 수 있다는 점을 전제하고 있다. 그래서 '날카로운 이성'과 '모순에 대한 분노'라는 두 가지 감성과 의식이 진보 세력에게 존재한다. 모순의 극복은 궁극적으로 그 안에 살고 있는 대중의 삶의 발전과 향상을 목적으로 한다. 그러나 대중 자체가 모순의 담지자로서 그 현실을 구성하는 실제 행위자이기도 하므로 이 문제에 접근하기 위해서는 대단히 섬세한 전략이 요구된다. 그렇지 않을 경우 진보주의자들은 사람들에게 '잘난 척하네'라는 말을 듣기가 쉽다. 그런 점에서 진보 세력은 소통의 측면에서 실패했다고 할 수 있다.

나는 내가 왜 노동자와 민중이어야 하는지 모르겠다!

그다음으로 살펴볼 내용은 진보 진영의 계급 호명에 대해 공감하지 못하는 대중의 심리에 관해서다. 진보 세력이 계급 정체성을 강조하는 것은 경제적 이해관계에 따른 정치적 정체성의 형성을 의도한 것이다. 그런데 진보 세력이 '계급', 혹은 '민중' 담론을 제기하고 해당된 사람들을 호명하지만, 실제 해당 계급에 속한 사람들은 스스로 그와 같은 정체성을 인식하지 못하는 경우가 많다.

> "지난번에 문재인이 99%의 이익을 대변한다고 하던데요. 뭐 그것만 보면 일부 특권층만 빼고 대부분의 사람에게 도움이 되겠다는 건데. 글쎄 난 잘 모르겠더라고요. 문재인이 말한 99%에 난 당연히 포함되긴 하는데, 내가 왜 갑자기 99%에 해당되어야 하는지도 모르겠어요."

정현철, 47세

이처럼 평범한 사람들 중에서 진보 세력의 계급 담론에 공감하지 않는 경우가 많다. 계급 정체성이라는 것은 그냥 주어지는 것이 아니다. 에드워드 톰슨Edward Thompson에 따르면 계급 정체성이 형성되기 위해서는 계급문화의 공유라는 실천 과정이 수반되어야만 한다. 그렇게 볼 때 우리나라는 그와 같은 계급문화가 제대로 형성되지 않았기 때문에 '계급' 담론은 진보 세력의 관념적 레토릭에 머문 측면이 있다.

어떻게 보면 진보 지식인들은 안토니오 그람시Antonio Gramsci가 말한 '유기적 지식인'이 되기 위해 '노동자'와 '민중'을 강조하고 이해하려는 노력을 한 것으로 볼 수 있다. 그렇지만 실제 '노동자'와 '민중'은 계급 담론을 자기 것으로 체화했다고 보기 어렵다. 더군다나 지금은 외환위기 이후 신자유주의적 재편이 가속화되어 이중노동시장에 따른 문제점까지 발생했기 때문에 진보 세력의 계급 담론은 공허한 메아리가 될 가능성이 높다.

이처럼 계급 정체성이 제대로 형성되지 않은 상황에서 진보 세력이 아무리 계급에 따른 정치적 호명을 해도 대중이 이에 호응하는 것은 쉽지 않다. 그래서 상당수 진보 인사가 내심 '서민들은 왜 서민을 위하겠다고 하는 우리를 지지하지 않는가? 이해할 수 없다. 허탈하다. 배신감까지 든다' 이런 생각을 하기도 하는데, 그 심정은 이해하지만 번지수를 잘못 짚은 부분도 있다는 점을 지적하지 않을 수 없다.

위와 같은 요인들이 총체적으로 연관되어 진보 세력의 계급동원 전략은 성공하지 못하고 있다. 정치적 동원이라는 것은 결국 사람의 마음을 얻고자 하는 것인데, 결과적으로 진보 세력은 이 부분에서 성공하지 못한 것이다.

5 — 경제적 위기에 처한 중산층과 서민은 왜 보수를 지지하는가?

'진보 세력은 무능하다'고 할 때 많은 경우 경제 문제에서 진보 세력의 무능을 지적하는 것이다. 그런데 실제로 따져 보면 민주당 정권은 경제 분야에서 중요한 업적을 많이 남겼다. 먼저 김대중 정권은 국내외 일반적인 예상보다 훨씬 빠른 2001년 8월, 2년 8개월 만에 IMF 차입금을 조기 상환했다. 그리고 4대 분야의 개혁을 추진하여 경제 위기 극복과 도약을 위한 기반을 마련했고 IT와 문화 분야를 적극적으로 지원하여 해당 분야의 국제 경쟁력을 제고하는 데에 기여했다. 특히 김대중 정권은 국민기초생활보장제도와 생산적 복지 정책을 정착시켜 복지국가의 기틀을 잡았다. 노무현 정권 시절에서도 이러한 정책 기조는 이어졌다. 이와 같은 성과는 충분히 긍정적인 평가를 받을 만하다고 할 수 있다. 그럼에도 왜 경제 위기에 처해 있는 중산층과 서민들은 보수 세력을 위기 극복의 대안으로 인식할까? 이것은 '진보의 약화'와 '보수의 강화' 현상을 초래한 중요한 원인이라고 할 수 있으므로 상세한 분석이 필요하다.

중산층이 보수화되는 이유: 불안하지만 그래도 보수의 해법이 더 낫다

일반적으로 중산층은 자본주의 체제의 안정을 담보하는 계급으로 규정된다. 이와 관련하여 권위주의 체제에 대해서는 비판적이지만 급진적인 사회경제적 개혁에는 거리를 두는 한국 중산층의 이중적 성격이 한국 민주화의 급진화 가능성을 봉쇄한 원인으로 언급되기도 한다.[105]

그런데 신자유주의적 재편이 이루어지고 있는 지금, 중산층의 사회경제적 지위는 과거처럼 안정적이지 못하다. 과거의 중산층은 부유층과 빈곤층 사이의 안정판으로서의 역할을 했다. 그러나 현재의 중산층은 위로는 부유층과의 격차가 점점 더 벌어지면서 상대적으로 소외감을 느끼고 빈곤층으로 몰락할지도 모르는, 계급 유동성에 따른 불안감을 많이 느낀다. 이는 신자유주의 재편이 초래한 중요한 현상 가운데 하나이다.

그러면 계급 이익 측면에서 중산층이 보수 세력을 지지하는 이유는 무엇인가? 이는 경제적 이익 문제와 교육 문제로 구분해 살

퍼볼 수 있다. 먼저 이들은 공통적으로 현재 자신이 소유한 자산과 자신들의 경제 활동의 내용을 고려할 때 보수주의 처방이 더 효과적이라고 판단한다.

"내가 가진 거라곤 이 집 하나야. 강남 사람들에 비하면 부족하지만 그래도 이것 하나 장만하려고 내 청춘을 다 바친 거고 앞으로 이거 하나 믿고 살아가야 해. 요새 주택연금이란 것도 생겼던데, 나중에 봐서 그걸 하든지 하고. 그런데 예전 노무현 대통령 때처럼 종부세니 뭐니 하면서 자꾸 거래를 위축시키려고 하는데, 그러면 뭐가 되겠어. 민주당은 아무래도 부동산 가격을 떨어트리려고 하잖아. 반면 새누리당은 원래 가진 사람들을 편드는 정당이잖아."

문택수, 58세

문택수는 부동산 자산 가치 유지를 중요한 기준으로 설정하는데 이는 윤광혁과 이창혁에게도 모두 나타난다. 이들은 보수 정당의 담론과 정책이 자신들의 계급적 이해관계에 더 유리하다고 판단하여 보수로 이동한 것이라고 할 수 있다. 이들은 자산에서 부동산이 차지하는 비율이 높은 한국 가계의 일반적인 사회경제적 배경을 가지고 있다.

박종상은 2012년 말 기준으로 한국 가계의 평균 자산이 3억 1,495만 원이고 그 중에서 부동산이 2억 3,639만 원으로 75.1%

이며 금융자산은 7,855만 원으로 24.9%이라고 언급하면서, 이는 총자산 대비 금융자산의 비율이 68.5%인 미국, 59.1%인 일본, 49.9%인 영국 등에 비해 월등히 낮은 수준을 보인다고 지적한다.[106] 특히 한국의 가계는 대출과 임대보증금 등 부동산과 관련한 부채가 평균 5,291만 원으로 실제 유동성이 있는 순 금융자산은 2,564만 원에 불과하다. 이처럼 한국의 가계는 자산 구성에서 부동산이 차지하는 비중이 매우 높다는 문제점을 안고 있다.

그래서 이들은 부동산 자산 가치에 상당히 민감한 반응을 보이는데, 이는 국민연금을 비롯한 사회복지체계가 제대로 갖춰져 있지 않은 것과 관련이 있다. 1988년에 10인 이상 사업 종사자를 대상으로 시작된 국민연금은 1999년에 이르러서야 전 국민을 대상으로 한 명실상부한 '국민연금'시대가 개막되었다. 이와 같은 국민연금이 가구균등화소득증가에는 영향을 주지만, 아직까지 노후빈곤을 완화하는 데에는 별다른 영향을 주지 못하고 있다.[107] 이러한 상황에서 우리나라 가계 자산에서 부동산이 차지하는 비율이 과도하게 높기 때문에 부동산 가격 변동은 부동산을 소유한 대다수 중산층에게는 대단히 민감한 사안이 된다.

그리고 여기서 유의해야 할 부분은 "새누리당은 원래 가진 사람들을 편드는 정당이잖아"라고 한 문택수의 발언이다. 윤광혁 역시 "새누리당 쪽은 여하간 자신의 지지 기반이 있기 때문에 집값 하락을 방치하지는 못할 겁니다"라고 언급하면서 보수 정치 세력이 주택을 소유한 자신들의 입장을 대변할 것이라는 기대감을 가지고 있었다.

　한국 정치에 대한 분석, 특히 한국 정치의 한계를 지적할 때 약방의 감초처럼 나오는 것이 바로 '한국에서는 계급정당이 제대로 발전하지 않았다'는 유형의 주장이다. 그런데 문택수와 윤광혁의 언급을 보면 이들은 경제적 이해관계 측면에서 보수 정당에 대한 계급적 동질성이 있음을 확인할 수 있다. 이렇게 보면 '계급정당 미발달' 테제의 구체적인 내용은 경제적 약자인 중간 계급 이하의 이익을 대변하는 정당이 제대로 형성되지 않았다는 것으로 한정할 필요가 있다.

　그런데 '보수 정권은 부동산 가격 하락을 방치하지 않을 것이다'라는 그들의 기대와 달리 실제 이명박 정권하에서 부동산 자산 가치는 하향안정세를 보였다. 이명박 정권에 대한 기대와 예측과는 다르게 부동산 가격이 하향세를 보이자 그동안 부동산을 부의 증식의 수단으로 인식하던 사회풍토에까지 변화가 발생하게 되었다.[108] 그래서 이에 대한 질문에 문택수는 "경기가 하강세여서 그런 건데 그 정도면 그나마 선방"이라 답변했고, 윤광혁은 "경제 자체가 세계화되어 과거처럼 마음대로 할 수는 없지만, 두 세력의 기본 입장과 철학이 다르기 때문에 보수 세력이 하는 게 더 유리한 건 틀림없다"라고 하면서 자신들의 기존 입장을 고수했다. 그만큼 사람들에게 보수 세력은 부동산을 중심으로 한 자산가들의 계급 이익에 충실하다는 인식이 상당히 뿌리 깊게 형성되어 있음을 확인할 수 있다.

부동산 자산 가치를 중시한다는 점에서 이창혁도 문택수, 윤광혁과 동일한 입장을 보였지만 이창혁은 다른 두 사람보다 그 정도가 무척 강했다. 인터뷰를 통해 살펴보니 이창혁은 자신이 오랜 기간 노력해서 자기 집을 마련한 경우였다. 그는 집을 단순한 재산 가치로만 인식하지 않고 자신의 분신처럼 생각하고 있었다. 그리고 이창혁은 진보 세력, 특히 학생운동세력이 사회주의적 세계관을 가지고 있어 사유재산 등에 기본적으로 부정적인 인식을 한다고 생각했다. 대신 보수 세력의 경우 개인이 부을 축적하는 것에 대해서 존중하고 인정한다고 판단했다. 이창혁은 성취에 대한 자부심과 이를 사회적으로 인정받고자 하는 강한 욕구가 있었다. 보수가 이 지점을 잘 파고든 것이다.

그리고 이창혁의 태도는 사회적 이동이 심했던 20세기 우리 역사 과정 속에서 형성된 특유의 안정지향심리와도 일정 정도 관련이 있다. 우리 조상들은 전통적인 농경사회에서 정착한 삶을 살았다. 흉년에 따른 굶주림과 탐관오리의 횡포 등으로 삶의 근거지였던 토지에서 유리될 수밖에 없었던 경우를 제외하고 대부분의 사람이 태어난 곳에서 살다가 죽었다. 그런데 20세기의 여러 역사적 사건을 거치면서 자의 반, 타의 반으로 유목민과 같은 삶을 살게 되었다. 이처럼 혼란이 일상화된 상황 속에서 사람들이 안정을 갈구하는 것은 어쩌면 매우 당연할지도 모른다. 이러한 역사적 맥락 속에서 이창혁의 발언을 생각하면 자가 소유는 정착으로 안정을 담보하는 실질적 대상이자 심리적 상징인 것으로 볼 수 있을 것 같다. 이러한 요인을 종합하면 자가 소유 주택에 상징적인 가치를 부여하는 사람들은 보수 세력의 부동산 정책 기조에 호응하는 것 이다.

이제까지 살펴본 경우는 모두 보수 정당이 부동산 문제와 관련 해서 '자신의 계급적 지지기반의 이익을 지킬 것이다'라는 입장과 관련되어 있다. 그다음으로 살펴볼 것은 교육과 관련된 중산층의 불안 의식과 열망에 관한 내용이다. 한국에서 자식을 둔 모든 가 정이 관심을 두는 부분이 자녀 교육이라 할 수 있으므로 중산층만 자녀 교육에 더 열정적이라고 할 수는 없다. 다만 교육 문제와 관 련하여 신자유주의적 재편 과정에서 나타난 중간계급의 불안 의 식이 보수화로 이어지는 부분은 주목할 필요가 있다. 이에 관한 실제 인터뷰를 살펴보자.

"민주당이나 진보 쪽에서 말하는 건 앞뒤가 맞지 않아요. 자기들이 정권을 잡았을 때 교육 불평등을 강화시켜놓고 야당이 되니까 다시 평등, 평등 그러는데 그렇게 해봐야 돈 있고 힘 있는 사람들은 사교 육으로 어떤 식으로든 돌파구를 마련하게 되어 있어요. 그러면 정말 피해보는 사람들은 우리 같은 중산층이에요. … 그런 점에서 한나라당은 능력에 따른 선택을 자율적으로 하게 해주겠다는 거잖아요. 그게 나 같은 중산층에게 도움이 되지요."

김미숙, 49세

김미숙의 발언은 격화되는 경쟁 논리 속에서 삶의 전략을 고민하는 중산층 가정의 한 유형을 잘 보여준다. 김미숙은 국가가 평준화를 압박하고 관련 조치를 취한다고 해도 사교육을 통한 상류층의 독자적 행동을 막을 수 없다고 인식한다. 이러한 김미숙의 언급은 두 가지 측면에서 중요한 함의가 있다. 먼저 김미숙은 공적 해결 방식에 불신을 드러내고 있다. 그리고 국가가 억압적인 방식으로 이 문제를 해결하기 힘들다고 판단한다. 김미숙은 권위적인 전두환 정권이 과외금지 조치를 했을 당시에도 특권층들은 암암리에 과외를 했다고 언급하며 더욱이 지금처럼 민주화된 여건 속에서는 국가의 힘을 통한 교육 평등을 이룩하는 것은 어렵다고 주장한다.

이와 같은 여건에서 김미숙은 국가가 현실을 인정하고 그에 맞는 조치를 취하는 것이 현실적이며 중산층에 속한 본인의 계급적 이해관계에도 부합하다고 판단한다. 국가가 억압적인 정책을 동원하면 할수록 비공식적인 사교육 시장이 형성되거나 더욱 확대되면서 지금보다 사교육비는 더 늘어날 것이라 판단한다. 그리고 자신과 같은 중산층은 오히려 불리하고 최상류층만 유리해진다는 견해를 보였다. 이러한 주장에는 공적인 차원에서 문제 해결이 어렵다고 판단하는 개인의 의식 상태가 잘 나타나 있다. 그리고 이와 관련해 능력주의 이데올로기를 받아들이고 그 속에서 대처하는 것이 현실적인 선택이라 판단하는 경우도 있다.

"내가 IMF 외환위기 직전에 직장 생활을 시작했어요. 그 뒤로 내가 다니는 회사에서나 주변 이야기를 들으면 결국 중요한 건 '선택과 집중'입니다. 망한다고 했던 우리 경제가 그렇게 해서 그나마 살아난 거죠. 이미 '선택과 집중'은 누가 뭐래도 거스를 수 없는 거대한 대세인 것 같아요. 그런 점에서 교육도 마찬가지예요. … 전교조가 나선다고 거대한 시대적 흐름을 바꿀 수 있는 것도 아니면서 비현실적인 평등론만 내세우는 건 아이들이나 학부모에게 잘못된 신호를 보내는 겁니다. 오히려 능력 위주의 사회 현실을 인정하고 그에 따른 대처를 하도록 하고 그에 따른 평가를 냉정하게 받아들이도록 하는 게 필요한 것이죠."

최태호, 47세

최태호와 함께 황민철도 비슷한 논리를 제시했다. 이들은 국가 공교육 시스템에 대한 불신 속에서 자기 자식들을 위한 현실적인 처방으로 능력 위주의 신자유주의적 교육철학을 수용한 것이라고 할 수 있다. 이들은 현재의 교육 시스템이 문제가 많다는 지적에는 공감을 표했다. 그러나 그에 따른 대책으로 제도 개혁이라는 거시적이고 장기적인 방법보다는 현재의 게임의 법칙 속에서 가장 최적의 효과를 낼 수 있는 전략을 선호하고 있다. 이를 통한 이들의 최소한의 목적은 우선 인적 경쟁 시장에서 탈락하거나 혹은 낮은 위치에 속하게 되는 것을 막는 데에 있다. 이는 중간계급의 계급적 위치와 관련이 있다고 할 수 있다.

일반적으로 사람들은 한국의 사회적 신뢰도가 낮다고 판단한다. 그런데 이는 객관적인 수치를 통해서도 확인된다. 영국의 레가툼 연구소가 전 세계 142개국을 조사해서 발표한 〈2015 레가툼 세계 번영 지수〉를 보면 한국은 경제 17위, 안전·안보 17위, 교육 20위, 보건 21위 등 비교적 높은 평가를 받았는데 개인의 자유에서는 66위, 특히 구성원 사이의 상호 협조와 신뢰를 의미하는 사회적 자본은 85에 머물러 종합 28위에 올랐다.[109] 그만큼 한국 사회의 사회적 신뢰도는 매우 낮은 수준이다.

그런데 신자유주의 재편은 이를 더욱 악화시킨다. 이러한 여건에서 개인은 각자도생의 생존전략을 취할 수밖에 없다. 특히 중산층의 경우 계급적 지위가 불안정하면서도 일정 정도 계급 재생산을 위한 투자를 할 수 있기 때문에 능력주의와 같은 신자유주의 이데올로기를 체화하면서 이에 적응하는 방식으로 대처하기도 한다. 그렇게 볼 때 이들이 내세우는 능력주의는 신자유주의 재편 속에서 중산층의 불안한 계급적 속성을 보여준다고 할 수 있다.

빈곤층이 보수화되는 이유: 우리가 무지해서 그런 게 아니다!

그다음으로 빈곤층과 영세 자영업자에 대해 살펴보자. 우선 사회적 불안에 노출된 빈곤층이 중산층과 다른 점은 현실 타파를 위한 개인적 수단이 없다는 점이다. 과거에는 비록 적은 경우라 하더라도 빈곤층이 일정 정도 소위 명문대학교 진학이나 국가고시로 지위를 상승하기도 했다. 그래서 개인 삶의 이력이 공론의 장에 공개되는 선출직이나 임명직 고위 공직자의 경우 아직까지도 적지 않은 수가 계급 상승의 성공 신화를 가지고 있다. 대부분 50세 이상인 이들 세대에서는 그렇게 낯선 경우가 아니었고 80년대에 대학을 입학한 그 뒤 세대도 상황이 크게 다르지 않았다. 그래서 그 당시 매년 겨울 모든 언론에서 대서특필한 서울대 수석 입학자 중 적지 않은 수가 중산층이거나 빈곤층 출신이었다.

비록 이들의 수가 전체적으로 볼 때는 소수에 불과하다 해도 계층 상승이 가능하다는 근거가 될 수 있었다. 그리고 이를 통해 불평등에 대한 사회적 불만의 원인을 제도와 시스템보다는 일정 정도 개인적 영역으로 돌릴 수 있었기 때문에 국가는 불평등 문제를 관리하는 데에 부담을 줄일 수 있었다.

하지만 신자유주의 재편이 가속화하면서 계급 이동의 가능성은 현저히 줄었다. 최근 큰 공감을 얻는 '금수저'와 '흙수저'라는 말은 이와 같은 절망적인 현실을 대변한다. 그래서 과거에는 '개천에서 용난다'는 말이 이따금 현실에서도 나타났지만 최근에는 드

물어졌다. 이러한 현상은 교육을 통한 계급 이동의 가능성이 줄어든 것과 관련이 깊다. 2000년대 들어 대학 입시에서 대학의 자율성이 커졌고, 이로 인해 부모의 경제력으로 사교육을 많이 받은 학생들의 영향력이 강화되었다. 〈표7〉은 소득별로 구분한 사교육 실태에 관한 내용이다.

표7 가구소득수준별 사교육비 및 참여율   (단위-사교육비: 만 원, 참여율: %)

소득 수준	100 미만	100~200 미만	200~300 미만	300~400 미만	400~500 미만	500~600 미만	600~700 미만	700 이상
사교육비	6.8	11.0	16.8	23.0	28.8	33.2	36.7	42.6
참여율	33.5	46.3	64.0	74.5	80.1	83.1	84.2	83.8

자료: 국회자료, 김영철(2012)에서 재인용.

이처럼 부모의 경제력에 전적으로 좌우되는 사교육 시장이 팽창하면서 가난한 가정의 학생들은 전보다 어려운 환경에 놓이게 되었다. 그래서 과거에는 교육이 계급 상승 및 이동의 통로 역할을 했다면 이제는 계급고착화 현상에 정당성을 부여하는 수단이 된 듯한 인상마저 준다. 이러한 상황이 종합적으로 결합되면서 저소득층 내의 계급고착화 현상이 나타나고 있다. 〈표8〉은 저소득층 빈곤 탈출률의 변화에 관한 내용이다.

이 자료에서 나타난 저소득층 빈곤 탈출률의 추이를 보면 전반적으로 상황이 악화되고 있음을 확인할 수 있다. 그래서 현재 빈곤층은 가장 직접적인 경제적 고통을 겪고 있고 계급 상승의 기대

표 8	저소득층 빈곤 탈출률 변화						(단위: %)
연도	2005~2006	2006~2007	2007~2008	2008~2009	2009~2010	2010~2011	2011~2012
저소득층 빈곤 탈출률	31.71	26.19	29.79	28.35	24.24	28.58	23.45

자료: 보건사회연구원 2014, 〈한국복지패널 기초분석 보고서〉.[110]

와 희망을 갖는 것이 갈수록 어려워지고 있다. 그런 상황 속에서 빈곤층이 미래지향적인 전망을 세우고 준비하는 것은 현실적으로 어려우며 당면한 현재의 생존 유지를 현실적인 목표로 하고 있다고 볼 수 있다.

그러면 그다음으로 자영업자들의 상황은 어떨까? 먼저 한국은 자영업자 비율이 높다. 한국의 자영업자 비율은 28.8%로 OECD 평균인 15.9%보다 월등히 높은 수준이며 한국보다 자영업자 비율이 높은 나라는 터키, 그리스, 멕시코 3개국에 불과할 정도다.[111] 그런데 이들 자영업자의 경제적 상황은 좋지 못하다. 2000년 이후부터 최근까지의 자료를 보면 자영업자들은 2002, 2003년을 기점으로 소득이 정체되어 있고, 자영업자 계층 내 양극화도 심화되는 현상이 나타나고 있다.[112] 그래서 임금으로 생활하는 가계에 비해 소득 수준이 낮고 소득격차 또한 확대되고 있다.[113] 계급론적 시각에서 보면 임노동을 하지 않아 소위 쁘띠 부르주아 계급으로 분류되기도 하는 자영업자의 경우 대다수가 영세하며 이들의 사회경제적 지위는 노동시장 내의 상층 노동자에 비해 열악하다는 것을 알 수 있다.

그리고 고령화도 심화되어 2004년을 기점으로 30~40대 자영업자 비율이 감소하기 시작하여 2009년부터는 50대 이상과 30~40대 연령층 사이의 자영업자 비율이 역전되기 시작했다.[114] 그리고 2011년 8월부터 2012년 7월까지 1년 동안 자영업자의 증감 추이를 보면 이 시기에 소위 베이비붐 세대인 50~59세, 60세 이상은 지속적으로 전월대비 증가세를 보이고 있다.[115] 그런데 2013년 부도를 낸 자영업자 중에서 50대가 47.6%에 이를 정도로 이들의 경영 상태는 안정적이지 못하다.[116]

이처럼 현재 한국의 대부분의 자영업자들은 낮은 소득과 불확실한 미래로 인하여 불안한 삶을 영위하고 있으며 이들은 빈곤층과 함께 가장 큰 고통을 겪고 있다. 그런데 앞의 선거 결과에서 보듯 빈곤층과 영세 자영업자들의 정치적 보수화는 강화되었다. 그러면 이들이 보수 세력을 위기 극복의 대안으로 새롭게 인식하게 된 이유는 무엇인가? 이들이 보수화가 된 원인을 다음 세 가지로 유형화해보았다.

첫째, 불평등에 대한 국가의 조정능력을 기대하는 경우이다. 이들은 강한 국가의 적극적인 개입을 통해 불평등의 원인을 해소하여 현재의 열악한 처지에서 탈출하고자 하는 의지가 있다. 그리고 이 부분에서 보수 세력이 진보 세력보다 우위에 있다고 판단한다.

"지금 민주당이 하는 걸 보세요. 뭘 하려면 강력하게 하는 게 있어야 하는데, 흐리멍텅하고 우왕좌왕하기만 해요. … 북한에도 할 말은 하고 그래야지 그렇게 굽신거리기나 하니까 더 우습게 아는 겁니다. 세상 이치가 다 그래요. 북한에 대해서만 그럽니까? 서민을 위한다고 하면 돈 있는 사람들을 설득도 하고 강하게 대하고 해야 하는 건데, 민주당처럼 하면 누가 콧방귀나 뀌겠어요? 어림도 없죠. 그러니 말만 서민, 서민하지 실제로는 아무것도 한 게 없고 저런 모양새로는 앞으로도 할 수가 없다니까."

김기철, 55세

인터뷰에서 보듯 이들은 강한 국가가 필요하다고 생각하는데, 이에 관해 진보 세력은 약하다는 느낌을 주는 반면에 보수 세력은 강한 느낌을 준다고 판단한다. 그리고 그 과정에서 '종북' 담론이 '민주화 세력은 약하다'는 인식을 형성하는 데에 일종의 매개 역할을 하고 있음을 보여준다. 무엇보다 이들은 '국가의 강함과 약함'을 자신들의 계급 이익과 관련해 파악한다는 사실을 확인할 수 있다. 그러면 강한 국가가 구체적으로 어떻게 자신들의 계급적 이해관계에 도움이 될 수 있다고 판단하는지 알아보자.

"재벌 등 거대권력이 존재하는데 민주당처럼 하면 그 사람들이 말을 듣겠어요? 어림도 없지. 재벌에 끌려다니기나 하고. 오히려 권력의 속성을 잘 모르던 사람들이다 보니 재벌이나 기득권 세력들이 온갖 감언이설로 속이려들 텐데 남아날 수 있겠어요? 그냥 훅 가는 거지. 일을 해본 사람들이 안다고 민주화 운동만 했지 국가를 운영해본 적이 없으니 제대로 일을 할 수가 없는 거야. 이용만 당하고. 결국 재벌이나 있는 사람들을 설득하든 압박을 하든 뭔가를 하려면 그쪽과 관련 있고 잘 아는 사람들이 말을 해야 일이 되지."

오수택, 57세

오수택은 보수 세력이 재벌의 속성을 잘 알기 때문에 실질적인 개혁이 가능하다고 인식한다. 반면 진보 세력은 결국 기득권층을 돌파해내지 못한다고 판단하는 것이다. 그렇다고 이들이 보수 정당을 막연히 신뢰하는 것만은 아니다. 맹목적 기대와 추종을 한다기보다는 정치권력과 경제권력의 속성의 차이에 대해 주목하는 것이다. 이 부분은 매우 중요한 의미가 있다. 이와 관련해서 다음 인터뷰를 살펴보도록 하자.

"보수 정당은 결국 국민의 표를 얻어야 하기 때문에 자신들이 별로 내키지 않는다고 해도 재벌개혁 같은 걸 하게 되어 있어. 그래서 새누리당이 이런 문제에 나서야 뭐가 바뀌어도 바뀌지 맨날 야당을 지지해봐야 되는 거 하나 없어. 야당처럼 말로는 100을 할 것처럼 해놓고선 실제 보면 10도 안 되는 것보다는 그냥 여당처럼 30이라도 실제로 해놓는 게 훨씬 낫지."

양현경, 50세

　동네에서 조그마한 장사를 하고 있는 자영업자 양현경은 보수 정치 세력이 재벌과 많은 부분 연계되어 있으며 보수 정당이 기본적으로 재벌과 마찬가지로 기득권 세력이라고 판단하고 있었다. 그리고 진보 정치 세력이 골목상권을 위해서 노력한다는 점에 대해서도 동의를 하고 있었다. 여기까지만 보면 양현경이 보수 세력을 지지하는 것이 이해가 가지 않는다. 그런데 핵심은 다른 데에 있었다.

　먼저 양현경은 진보 세력이 좋은 의도가 있지만 이를 구체화시켜서 좋은 결과를 내는 데에 한계를 보인다고 인식한다. 반면에 보수 세력의 경우, 같은 기득권층에 속한다고 하더라도 정치 세력은 국민들의 표를 통해 권력을 얻기 때문에 재벌 등 경제적 지배 세력의 입장을 일방적으로 대변하지 못한다고 판단한다. 그래서 보수 정치 세력도 일정 정도 친서민적인 정책을 내놓게 되는데, 양현경은 친서민적 의도가 강한 진보의 정책보다 다분히 정략적인 측면에서 접근한 보수의 친서민적 정책의 효과가 더 크다고 판단한다. 이는 '진보＝약함', '보수＝강함'이라는 이항대립적 인식의 프레임이 대중적으로 형성되어 있는 것과 관련이 있다.

　일반적으로 진보 세력은 보수 정치 세력과 재벌 등을 하나로 묶어 기득권 세력으로 규정하면서 공세를 취한다. 그런데 평범한 사람들의 경우 양현경의 발언에서 보이듯 보수 정치 세력과 경제적 지배 세력 사이의 차이와 긴장관계를 포착하고, 합리적인 계산을 통해 그 속에서 나름대로 자신의 계급 이익을 고려하고 있었다. 그렇게 볼 때 그동안 진보 세력은 이와 같은 측면을 제대로 포착하지 못했다고 할 수 있다.

이제까지 살펴보았듯이 이들은 국가나 국가 지도자를 막연히 추종하는 것이 아니다. 이들은 나름대로 현실적인 판단에 근거하여 국가와 국가 지도자를 경제적 기득권층의 문제를 해결할 수 있는 실체로서 인식하며 이 역할을 보수 세력이 잘할 수 있다고 판단한다. 이는 개인적 이해관계를 고려한 합리적 선택의 결과라고 평가할 수 있다.

그다음은 국가 공동체 이익의 확장 속에서 개인의 이익실현을 기대하는 경우이다. 이들은 무엇보다 '경기활성화'와 '경제성장'이 필요하다는 것을 강조한다. 먼저 자영업자들은 인터뷰에서 공통적으로 '경기 활성화'를 강조했다. 생산활동과 소비활동이 잘 이루어져 돈의 흐름이 활발해질 때 자신들의 경제적 삶이 나아진다는 논리였다.

"베이비붐 창업 열풍이라고 하는데 나도 그런 경우에 속하겠죠. … 자영업이 어렵다, 어렵다 말은 많이 들었지만 막상 창업하고 나니

장난 아니에요. 그래도 난 안착은 했다고 볼 수 있지만 하루하루 긴 장감이 장난 아닙니다. 예상치 못하게 매출이 줄고 그러면 속이 바싹바싹 타들어가죠. … 그러니 자영업자들은 경기 흐름에 매우 민감합니다. 사람들이 소비를 해야 우리 같은 자영업자들이 먹고사는데. 사회나 사람 심리가 안정이 돼야 지갑을 열잖아요."

강교찬, 54세

인터뷰에 응한 자영업자들은 모두 자신들의 처지를 '하루 벌어 하루 먹고 사는 삶', '하루살이 삶'이라고 표현했다. 이는 생계형 영세 자영업자들의 처지를 매우 압축적으로 보여준다. 임금노동자로 생활하다 은퇴하는 경우 대부분 자영업으로 몰려드는 상황 속에서 자영업자들이 느끼는 미래에 대한 불안감은 매우 강했다. 이와 같은 상황에서 이들은 경제활성화를 위해 두 가지 해법을 생각하는데, 이는 모두 보수적 담론과 비슷하다. 먼저 국가가 재벌이나 자산가층에 대한 우호적인 정책을 펼쳐서 이들이 시장에 돈을 풀 수 있도록 유도하는 것이 필요하다는 입장이다. 이는 시장 친화적인 국가 개입을 강조하는 것으로 규정할 수 있다.

"운동권이 파업하고 재벌 개혁한다고 하지만 그러다가 피해를 보는 건 우리 같은 사람들이에요. 고래 싸움에 새우등 터지는 격이라고나 할까 … 우리나라에 자영업자들이 얼마나 많은데 자영업은 기업이 돈을 풀지 않으면 가장 먼저 직격탄이야. 매출에 바로 영향이 있어. 기업에 속한 사람들은 노조라도 있으니 회사가 망할 정도가 아니면 바로 해고되고 그러지는 않잖아. 그런데 자영업 하는 사람들은 바로 바로 영향을 받아요. 아주 피가 마른다니까."

이영숙, 48세

이영숙은 '돈이 돌아야 우리가 먹고산다'는 자영업자들의 일반적 입장을 강조하면서 결국 돈을 가지고 있는 힘 있는 재벌에게 우호적인 정책을 펴야만 자신들에게 도움이 된다고 인식하고 있다(자영업자인 이미선, 오상희도 동일한 입장을 보였다). 그리고 특히 이영숙은 노조에 대해서 부정적인 의견을 밝혔는데 이 부분은 중요하게 판단해야 한다.

한국 자영업자들의 계층의식에 대한 이병훈과 신재열의 연구에 의하면 자영업자들은 자신들의 계급적 지위가 비정규직, 임시 일용직보다는 높다고 판단하나 고용주와 정규 상용직보다 뚜렷하게 낮다고 인식하고 있다.[117] 그리고 여기서 주목해야 할 점은 노조에 대한 자영업자들의 인식이다. 자영업자들은 노조에 대해 부정적인 태도를 보이는데 그 정도가 고용주와 비슷하다는 점이다. 이영숙이 재벌과 노조를 고래로 비유하고 자영업자인 자신을 새우로 비유한 것에서도 이러한 현실이 반영된 것을 알 수 있다. 앞서 살펴보았듯이 자영업자들은 급여생활자와 달리 매출 추이에 대한 영향을 바로바로 느끼기 때문에 경기변동에 민감할 수 밖에 없다.

그리고 한국의 자영업자들은 영세한 경우가 많기 때문에 경기 하강과 침체 국면에서 버틸 수 있는 경제적 기초가 부실한 경우가 많다. 일당을 받아서 생활하는 건설현장의 일용직 노동자들이 보통 자신들의 처지를 '하루 벌어 하루 먹고 사는 하루살이 인생'이라고 표현하곤 하는데, 자영업자들도 그렇게 말한다는 것은 자신들의 처지가 일용직 노동자와 비슷하다고 판단하기 때문이다. 그러다 보니 우선 이들은 장기적인 비전과 전망보다는 단기적인 경기활성화에 도움이 되는 정책이나 흐름에 관심을 갖게 된다.

이와 관련해서 보수 세력은 경기 부양의 주체로서 국가를 강조함과 동시에 재벌 대기업의 투자활성화를 위한 친기업적 논리를 강조한다. 그리고 이 부분에서 자신들이 진보 세력보다 장점이 있다는 논리를 내세운다. 이는 앞서 살펴본 것처럼 '강한 국가', '실용적 가치'와 관련된 보수 세력의 담론 전략과 맞물려 그 위력이 커진다. 그리고 자영업자들은 이 부분에 공감하여 보수주의 헤게모니가 형성되는 것이다. 이제까지 국가 공동체 이익의 확장 속에서 개인의 이익실현을 기대하는 경우에 대해서 살펴보았다.

세 번째로 국가에 의한 경제적 기회구조의 확대를 기대하는 경우이다. 이와 관련된 내용을 하택현의 인터뷰를 통해서 살펴보도록 한다. 하택현은 이번 심층 인터뷰 과정에서 상당히 중요한 분석적 함의를 제공한 인물이다. 그래서 그의 발언을 상세히 분석하려고 한다.

"난 주변에 도움 받을 사람이 없어요. 못 사는 사람이 못 사는 사람만 알고 지내지 누굴 알고 지내겠어요. 믿을 수 있는 건 국가밖에 없어요. 정치하는 사람들이 우리 같은 사람들의 어려운 처지를 좀 더 살펴주고 해야 살 수 있지, 그렇지 않으면 정말 살 수가 없어요."

하택현, 66세

기초생활수급대상자인 하택현은 호남출신으로서 김대중-노무현을 연이어 지지한 과거 전형적인 민주당 지지자였다. 자신이 기초생활수급대상자라는 것을 어렵게 밝힌 하택현은 '국가가 나 같은 사람도 살게 해준다'고 하면서 이 부분에서 크게 평가하는 모습을 보였다.

그런데 인터뷰 과정에서 의문점이 들었다. 왜냐하면 빈곤층에게 기초생활이 가능하도록 한 '기초생활보장법'은 김대중 정부 시절에 제정되었고, 이는 민주당이 집권하던 시절 중산층과 서민의 이익을 대변하기 위해 했던 자신들의 몇 안 되는 중요한 업적이었기 때문이다.

필자는 하택현이 이 법의 연원을 모르는 것이 아닌가 하는 생각이 들어 그에게 그가 현재 혜택을 받고 있는 '기초생활보장제도'를 만든 정부에 대해서 알고 있는지 물었다. 그러나 하택현은 김대중 정부가 한 사실을 알고 있었다. 혹시 제도의 연원을 몰라서 그럴 수도 있지 않을까 생각도 했지만, 김대중 정부가 만든 것을 알고 있다는 하택현의 답은 그가 보수로 전환하게 된 이유를 더욱 궁금하게 했다.

하택현은 김대중에 대해서는 전반적으로 긍정적인 입장을 표명했다. 노무현에 대해서도 여러 비판적 입장을 보이기도 했지만 동정심을 표명하기도 하는 등 부정 일변도의 평가를 하지는 않았다. 전체적으로 진보 세력에 대한 반감은 강한 편이 아니었다. 특히 인터뷰 과정에서 격한 용어를 써가며 진보 세력에 대한 배신감을 강하게 토로하던 몇몇 사람들을 생각하면 하택현은 상당히 부정적인 인식이 낮았다.

이러한 하택현이 정치적 입장을 바꾼 이유는 병든 아내와 수입이 적고 불안정한 자신의 자식들과 관련이 있었다. 하택현은 아들 둘을 두었는데 큰 아들은 일용직 노동자로 전전하고 있고 둘째 아들은 지방 소도시에서 노점을 하는 영세 자영업자였다. 게다가 하택현의 부인은 당뇨 합병증으로 장기 투병 중인데, 현재 자신이 받는 기초생활수급비로는 병원비를 감당하기 힘든 수준이었다. 가족 내에서 경제적 상황이 악화되면 가족공동체가 해체되는 경우가 많지만 다행히도 하택현의 가족은 그렇지 않았고, 자식들이 조금씩 보내주는 돈으로 어렵게나마 기본적인 생활을 유지하고 있었다.

그런데 자식들의 직업이 경기 변동에 너무 민감하고 기본 수입이 너무 적다는 것이 문제였다. 하택현은 자식들이 돈을 보내주지 않으면 빚을 낼 수 밖에 없다며 그럴 경우 다음 달에는 빚을 갚기 위해 폐지를 모아야 한다고 말했다. 그런데 자신도 나이가 많고 부인 간병까지 책임을 지고 있어 폐지를 모으는 것이 쉽지 않다고 했다. 그래서 하택현은 국가가 경제를 활성화시켰으면 하는 바람을 강렬하게 가지고 있었다. 그렇게 해야 자활할 수 있다는 것이었다. 국가가 기초생활비를 지급하는 것은 고맙지만 그것만으로는 부족하기 때문에 자활할 수 있는 사회경제적 환경 조성이 필요하다는 것이 그의 입장이었다.

그리고 하택현은 '서생은 글말 읽을 줄 알지, 장사를 할 줄은 모른다'고 표현하면서 경제활성화를 잘할 수 있는 세력은 보수 정당이라고 단정적으로 이야기했다. 그는 진보 세력이 서민을 위하려는 마음이 있고 의지가 있는 것도 인정하지만, 경제는 진보가 잘할 수 있는 영역이 아니라고 생각하고 있었다. 하택현의 언급은 통념화된 인식이라고까지 할 수 있는 '경제=보수', '보수가 경제 활성화를 더 잘한다'는 내용을 확인시켜준다.

그리고 이는 한국 사회 전반적으로 '경제성장'이 필요하다는 인식이 강하다는 점과 관련 있다. 2012년 대선 이후 서울대학교 한국정치연구소에서 실시한 〈정치와 민주주의에 관한 의식조사〉 결과를 보면 박근혜, 문재인 두 후보자에게 투표한 사람들을 대상으로 '차기 대통령이 가장 시급하게 해결해야 될 과제'라는 질문에서 박근혜 후보 투표자는 경제성장(60.9%) > 사회 통합(9.4%) > 경제민주화(8.4%) > 복지 확대(7.3%)라고 응답했고 문재인 후보 투표자는 경제성장(47.4%) > 경제민주화(13.0%) > 정치개혁(11.1%) > 복지확대(10.7%) > 사회 통합(10.0%) 순으로 응답했다. 이는 한국 사회 내부에 전반적으로 성장을 우선시하는 추격 정서가 강하며, 이것이 경제적 고통을 겪는 빈곤층의 보수적 성향과 관련이 있다고 평가할 수 있다.[118]

그리고 하택현의 발언을 통해 확인되는 것처럼 경제 위기가 가속화되는 상황 속에서는 민주당 정권의 중요한 업적인 '기초생활보장제도'의 수혜자가 민주당 세력의 단단한 지지 기반이 되지 못했다. 특히 이는 박정희 정권이 당시 사회문제였던 절대 빈곤을 퇴치하여 지금의 노년층에게 확실한 지지기반을 구축한 것과 비교해서 볼 때 더욱 주목할 만한 부분이라고 판단된다.

사회적 연대 대신 각자도생, 그것이 한국의 현실

위에서 살펴본 것처럼 중산층과 빈곤층이 진보적 처방 대신 보수적 처방을 더 신뢰하는 이유는 상당히 다양하다. 여기서는 이와 같은 현상이 나타나는 원인을 거시 역사적인 관점에서 한국의 국가 형성 및 자본주의 산업화 과정의 특징과 관련해 살펴본다.

자본주의는 역사상 존재했던 그 어떤 생산체제보다 더 높은 생산력을 가능하게 했으나, 그 이면에면 칼 폴라니Karl Polanyi가 '악마의 맷돌'이라고 표현한 것처럼 시장주의의 냉혹한 속성이 전사회적으로 확산되는 부정적 측면도 함께 나타났다. 이에 대해 노동운동을 중심으로 한 저항이 본격화되고 민주주의가 진전되면서 지금 서구 사회는 초기 자본주의의 모순점이 많이 해소되었다.

그러면 한국은 어떠한가? 최장집은 한국의 근대 국민국가 건설 과정의 성격을 민주주의 제도의 외삽성과 그에 따른 조숙한 민주주의라는 관점에서 설명한다.[119] 그런데 한국에서 자본주의 체제가 착근되는 방식도 위와 비슷한 성격을 띠고 있다. 특히 전쟁을 거치면서 경제 발전이 국가 안보와 체제 경쟁이라는 정치 군사적 목적과 깊이 결부되어 한국은 경제 발전 담론에 '생존'의 논리가 뚜렷하게 나타나게 되었다.

앞서 실제 전쟁 중에 생성되어 용인되었던 정치, 군사적 논리가 전쟁이 끝난 이후에도 현실 정치에 작동하는 상황을 김동춘이 '전쟁 정치'라고 개념화했다는 점을 소개한 바 있다. 그런데 경제 문제를 바라보는 엘리트 세력과 대중의 인식 그리고 사회 내에서 작동되는 방식 등은 이 경우와 매우 유사하다. 그렇게 볼 때 이를 '전쟁 경제'라 개념화할 수도 있다.

'생존' 논리는 개인을 넘어 한국 사회 전반의 의식과 정서를 반영하는 매우 중요한 의미를 담고 있다. 유교 자본주의론에서는 한국 자본주의 발전과정의 특수성을 설명하기 위해 노동에 대한 헌신적인 자세와 높은 교육열을 중요한 원인으로 제시하는데, 이는 경제 발전을 생존의 문제로 인식한 당시 민중의 태도가 반영되었다고 할 수 있다.[120] 그리고 자본주의 산업화를 주도한 박정희 대통령은 경제개발을 국가의 생존과 안보의 관점에서 접근했다.[121] 그렇게 볼 때 '생존'은 국가, 사회, 개인 모두를 관통하는 당시 시대정신의 핵심 키워드라고 할 수 있다.

그런데 이와 같은 '생존'에 대한 인식이 사회적 연대를 통한 문제 해결 방식으로 이어지지 않았다. 국가는 개인들의 조직화된 저항과 대안 추구를 봉쇄하는 대신 그 대안으로 교육을 통해 파편화된 개인의 개별적인 지위 상승의 기회를 열어두는 방식으로 개인과 사회를 관리했다.[122] 결국 '생존'은 국가가 허락한 질서 내에서 개별화된 방식으로 이루어지게 된 것이다.

그런데 한국은 외환위기 이후 이러한 요소가 더욱 강화되었다. 신자유주의 재편 과정에서 삶의 질은 더욱 악화되었고, 만성화된 경제 위기론은 '생존'을 위한 본능적 욕구에 대중을 더욱 얽매이도록 했다. 특히 경제적 고통을 더 크게 받는 소외계층의 경우 단기적 삶의 전망 이외의 가치를 고민한다는 것은 어려운 일이 되어버렸다.

"그냥 우리같이 일하는 사람들끼리는 별 보기 운동한다고 하죠. 새벽 별을 보며 집에서 나와 운 좋게 일감을 잡아서 일하고 집에 가면

또 별을 보게 되거든요. … 별 보면서 무슨 생각을 하느냐면 새벽 별을 보면서 나올 때는 제발 일이 있어 공치지 않기를 바라고, 밤에 별을 볼 때는 내일도 일이 있기를 생각하죠. 그것 외에는 아무 생각이 안 납니다. 군대에서 쫄병들의 생활과 비슷한 거죠."

오수택, 57세

건설 현장의 일용직 근로자로 생활하는 오수택은 삶의 여유가 없었다. 그리고 그는 추상적인 것이 아니라 자신에게 실질적 도움이 될 수 있는 구체적인 실체에 대해 신뢰하는 경향을 보였고, 이것을 '국가'로 인식했다. 그리고 오수택은 '계급', '진보'와 같은 담론에 대해서는 자신과는 동떨어진 추상 세계의 영역에 속한다고 인식했다.

"노동자니, 뭐니 하는데 난 뭐가 뭔지도 잘 모르겠고 뭐 나와 비슷한 처지에 있는 사람들에게 도움을 주겠다는 건 알겠는데, 감이 오질 않아요. … 그래도 국가가 못사는 사람들을 위해 뭐든 하려고는 하잖아요."

오수택, 57세

이렇듯 사회경제적으로 한계에 몰린 행위자들은 다른 것을 생각할 겨를이 없기 때문에 무엇보다 구체적이면서도 직접적인 대상을 신뢰하는 경향을 보인다. 이들은 진보 세력이 말하는 '계급' 및 '사회적 연대'를 체감하지 못한다. 이들이 자신들의 직·간접적인 경험 속에서 확인한 구체적이고 실질적인 대상은 바로 국가다. 그래서 이들은 국가를 통해 문제를 해결하고자 하는 것이다.

그뿐만 아니라 보수 세력은 '낙수효과'와 '국가와 국민'과 같은 담론을 통해서 공동체 전체 이익을 극대화하고 그 안에서 개인의 이익을 실현시키는 위기 극복 전략을 제시했다. 또한 한국의 국가는 '과대성장국가', '제왕적 대통령제'라는 말이 나올 정도로 역사 구조적으로 강한 힘이 있다. 그래서 자연스럽게 국가는 문제 해결을 위한 주체로서 인식되기도 한다. 위와 같은 조건이 맞물리면서 보수 정치 지도자에 대한 감성적 공감이 나타나기도 한다.

"난 이명박이 대통령이 되기 전에 엄청 열광했었어. 샐러리맨의 신화잖아. 그리고 이명박은 일밖에 모르는 사람이야. … 지금 우리에게 필요한 건 국민 모두 다시 한 번 새로운 각오로 일어날 수 있도록 하는 정신이에요. 이명박 대통령이 그런 느낌을 주었고 그건 박근혜 대통령도 마찬가지고요. 그래서 그런지 난 이명박 대통령과 박근혜 대통령에 대해 좋은 느낌을 받아요."

양현경, 50세

양현경은 심층 인터뷰 도중 내내 '진보 세력은 정이 잘 가질 않

는다'는 표현과 보수 세력 지도자에 대해 '정감이 간다'는 표현을
여러 번 반복했다. 양현경은 기초생활수급대상자는 아니지만 차
상위계층에 속한 빈곤층인데 이번 인터뷰 과정에서 보수 세력 지
도자에 대해 가장 감성적인 애착을 보여준 인물이었다. 양현경은
정서적인 친밀감에 초점을 맞춘 경우라고 할 수 있는데 이와는 조
금 다른 각도에서 공감과 소통 능력을 강조한 경우가 있다.

> "난 대통령의 강직한 모습에서 희망을 봅니다. 그리고 지금 우리가
> 겪는 어려움에 대해 깊이 공감하고 있다는 느낌을 받아요. … 말 못
> 하는 정치인이 어디 있나요? 중요한 건 제대로 할 수 있을 것 같다
> 는 느낌이 중요한 거죠. 그래야 우리 같은 사람도 의지하고 살 수 있
> 잖아요. 그래서 전 박근혜 대통령이 어려운 여건 속에서도 잘하고
> 있다고 생각합니다."

이영숙, 48세

 필자는 양현경이 이명박-박근혜 두 보수주의 정치 지도자에 대
해서 '정감이 있다'는 느낌을 받았다고 한 것과 이영숙이 '우리가
겪는 어려움에 대해 깊이 공감하고'라고 표현한 것에 주목한다.
이들은 경제 위기 극복을 위해 보수 지도자를 일종의 구원자와 같
은 대상으로 인식하고 있었는데, 이는 대중과 보수 세력 사이의
정서적 공감과 상호 소통이 잘 이루어지고 있음을 보여준다. 현실

적인 고통이 심화될 경우 문제 해결을 위해 카리스마적 정치 지도자에 대한 갈망이 강화되는데 앞서 본 현상을 이와 관련해서 이해할 수 있다.

우리 속담에 '광에서 인심난다'는 말이 있다. 또 맹자孟子는 약민 즉무항산 인무항심若民則無恒産 因無恒心이라고 했다. 두 말은 비슷한 의미를 담고 있는데, 평범한 사람들의 경우 어느 정도 경제적인 기반이 있어야 여유로운 생각을 할 수 있다는 뜻이다. 그리고 유사한 맥락에서 소스타인 베블런Thorstein Veblen은 "가난한 사람들은 하루하루 사는 것이 힘들어 기존의 주어진 사고와 생활 습관 등에 대안적 인식을 할 여유가 없기 때문에 보수적인 성향을 보인다"라고 했다.[123]

현재의 삶이 너무 곤궁할 경우 생존의 욕망에 부응하는 감각적인 처방에 호응하는 경향이 나타난다. 이러한 점에서 볼 때 진보는 좋게 말하면 너무 '점잖아서', 나쁘게 말하면 '혼자 도도해서' 이에 맞는 코드로 대처하지 못해서, 보수는 좋게 말하면 '냉철해서', 나쁘게 말하면 '사람의 속물적 속성을 제대로 간파해서 긁어주는 능력을 갖고 있어서' 이에 맞는 코드로 적절한 대처를 하는 것이라고 할 수 있다. 이것이 경제적 위기에 처한 사람들에게 보수의 처방이 효과를 발휘하는 중요한 원인이라고 판단된다.

2부를 마치며

2부에서는 사회경제적 양극화를 중심으로 한 경제 문제와 관련해 보수주의 헤게모니가 형성된 원인을 살펴보았다. 먼저 진보 세력은 양극화 문제를 해결하기 위한 방안으로 계급정치를 내세웠다. 김대중-노무현 정권을 거치면서 계급정치 전략을 점차적으로 강화했던 진보 세력은 2012년 대선을 앞두고 '1 대 99' 담론 전략을 통해 경제적 지배계급과 소외계급 사이의 계급 균열을 시도했다. 그리고 진보 세력은 대북 정책을 단순히 민족주의적 감성으로 접근하지 않고 경제적 실리의 관점에서 경제 활성화를 위한 대안으로 강조한다.

이에 대해 보수 세력은 진보 세력의 계급정치 전략을 무력화하기 위해 진보 세력이 의도하는 '경제적 특권 세력 대 소외계층'의 균열 구도를 '중산층 기반의 조직화된 운동권 이기주의 세력 대 소외계층'의 대립 구도로 전환시켰다. 보수 세력은 이를 통해 문제의 원인에서 벗어나 진보 세력에 책임을 돌리는 이중적인 효과를 의도했다. 그리고 보수 세력은 '퍼주기' 담론을 통해 진보 세력의 대북 정책이 경제회복에 도움이 되는 것이 아니라 오히려 경제를 악화시키는 요인으로 작용하고 있다고 대응한다.

그리고 보수 세력은 진보 세력의 계급주의 전략에 맞서 '낙수 효과'와 '국민' 담론을 통해 공동체 전체 이익을 극대화하여 그 속에서 개인의 이익 실현이 가능하다는 전략을 제시한다. 국가가 경제적 능력이 있는 세력의 발전을 지원하고, 이들의 자율적 활동을 통해 확장된 전체 자원으로 중산층 및 서민층 모두의 발전을 도모할 수 있다는 것이 보수 세력의 담론 전략이다.

신자유주의적 재편 과정에서 불안정한 위치에 처하게 된 중간층은 보수적 처방을 통해 자신들의 계급과 지위를 유지·상승시킬 수 있다고 판단한다. 그리고 기존보다 어려운 처지에 몰리게 된 빈곤층과 영세 자영업자들은 세 가지 차원에서 국가의 역할을 기대한다. 이들은 불평등 문제를 해결하기 위한 국가의 적극적인 조정 능력, 경기활성화의 주체, 경제적 자활을 위해 필요한 경제적 기회구조 확대 등에서 국가의 역할을 기대한다.

특히 빈곤층 및 영세 자영업자들에게 나타나는 모습은 경제적 소외계층이 진보 세력의 계급정치에 호응하지 않는 소위 계급배반투표 현상을 해명하는 데에 근거가 된다는 점에서 큰 의미가 있다. 이들은 진보 세력의 계급전략보다 국가에 의한 공동체 전체의 이익의 확장과 조정 속에서 자신의 계급 이익을 도모하는 것이 유리하다고 판단하는 것이다.

아직도 상당수 진보 세력은 빈곤층 내부의 계급의식이 제대로 형성되어 있지 않기 때문에 이들이 계급 이익에 따른 합리적인 판단을 하지 못한 채 보수 세력에 맹목적으로 끌려다닌다고 진단한다. 이는 잘못된 판단이다. 빈곤층 역시 세상 돌아가는 이야기를 모르지 않았고 그 속에서 자신에게 유리한 내용을 따져가며 판단하고 있었다. 이것은 그들 나름대로 상당히 합리적인 판단을 하고 있다는 것을 보여준다.

그리고 또한 '진보 세력＝민주주의', '보수 세력＝경제'라는 이 항대립의 프레임이 구축된 여건 속에서 진보 세력의 계급정치 전략이 사람들에게 경제적 이익을 증진시킬 수 있는 현실주의적 전략으로 인식되지 못하고 있다는 점도 계급주의 시각이 한국의 경험적 현실에서 적용되지 못하는 이유이다.

3부

사람들은 왜
보수 세력이 사회 통합을
더 잘할 것이라고
생각하는가

신자유주의 재편은 경제적 양극화뿐만 아니라 사회 통합의 위기를 초래하고 있다. 사회 통합은 집합적 정서로서의 결집력과 귀속감을 의미한다. 최근 심화되는 경제적 양극화 문제는 사회 통합을 저해하는 중대한 요인이다. 그런데 최근 한국 사회에서 사회 통합의 위기 징후로 해석되는 각종 사회적 단절, 고립, 불안 등의 현상은 단지 경제적 요인만으로 설명하기 힘들다. 이를 분석하기 위해서는 경제적 측면뿐만 아니라 사회적, 문화적 측면도 함께 고려해야만 한다.[124]

이와 비슷한 맥락에서 독일의 사회학자 울리히 벡Ulrich Beck은 계급과 가족의 결속력이 약화되면서 나타난 개인주의 현상을 현대 사회의 특성으로 파악한다.[125] 벡은 이와 같은 변화가 개인들을 준신분제적 결박으로부터 해방시키기도 하지만 한편으로는 새로운 불안으로 몰아넣고 있다고 지적한다. 그래서 이런 현상이 사회 통합적 측면에서 위험사회를 초래한다고 파악한다.[126] 이와 같은 벡의 진단은 사회 통합의 위기를 경제적 요인만으로 설명하지 않는다는 점에서 의미가 있다.

3부에서는 현재 한국 사회에 사회 통합이 주된 이슈로 부각되고 있는 상황 속에서 보수주의가 사회 통합의 위기 극복 대안으로 인식되는 이유를 살펴본다. 6장에서는 사회 통합을 위해 사회질서를 강조하는 경우를 알아본다. 이들은 진보 세력이 사회적 결속과 관련된 측면에서 문제점을 보인다고 판단하며 보수주의에 기반한 사회윤리와 국가주의를 통한 사회 통합 전략을 강조한다. 7장에서는 사회 통합의 위기를 극복하기 위한 전략으로 전통을 중요시하는 장·노년층 세대 정치에 대해서 분석한다. 이를 위해 보수 세력이 장·노년층 삶의 과정과 맞물린 산업화의 역사를 전통화하는 동원 전략을 살펴본다. 그리고 장·노년 세대가 공유하는 집합적 정체성의 특성과 이것이 정치사회적 보수화로 이어지는 과정에 대해 알아본다.

6 질서를 중요시하는 사람들의 사회 심리

모래알은 싫다―문화적 반反자유주의와 진보에 대한 거부감

여기서 먼저 살펴볼 부분은 문화적 반反자유주의 성향을 갖는 경우이다. 이들은 김대중-노무현 정권 시절에 자유화와 개인화가 심화되면서 사회적 안정과 통합에 위기를 초래했다고 인식한다. 이들은 개인적 차이에 따른 상대성을 지나치게 강조하다 보면 사회질서를 유지하기 위한 기본 전제가 흔들리게 된다고 주장한다.

사회문화적 차원에서 한국의 자유주의는 1987년 민주화 이후 본격화되었다고 할 수 있다.[127] 권위주의 정권에 대한 저항은 개인의 다양성과 자율성을 옹호하는 자유주의를 강화했다. 그리고 보수적인 사회 분위기 속에서 제기되기 어려웠거나 우선순위에서 밀려 제대로 부각되지 않았던 여성, 학생 인권, 환경, 성소수자 문제 등 다양한 영역에서 저항의 지점들이 형성되기 시작했다. 그 결과 사회적 약자의 정체성 정치가 본격화되었다.

이러한 움직임은 1997년 정권교체로 인해 더욱 탄력을 받았다. 특히 2000년 남북정상회담과 6.15 공동선언이 발표되어 다원성과 자율성을 가로막던 반공 권위주의의 기반이 흔들리면서 위와 같은 경향이 심화되었다. 그리고 2002년 대선에서 탈권위주의, 자율, 참여를 강조한 노무현 후보가 당선되며 사회문화적 자유주의의 흐름은 만개했다.

단적인 예가 바로 성소수자 인권 문제이다. 2000년 6월부터 시작한 퀴어문화축제에서 알 수 있듯이 동성애를 비롯한 성소수자의 인권운동도 이 시기에 본격화되었다. 이처럼 기존의 진보적 시민사회운동이 그동안 의제로 제시하지 못했거나 우선순위에서 밀려 있던 사회적 이슈들이 이 시기에 적극적으로 공론화되었다.

그런데 이처럼 김대중-노무현 정권이 등장하면서 본격화된 우리 사회의 자유주의 확산에 반발이 나타나기 시작했다. 이들은 자유주의가 사회의 기본 질서를 해치는 방향으로 전개되어 사회적 안정의 기본 토대를 흔들 수 있다는 점을 우려한다.

"난 현재 나타나는 가치관 혼란과 무질서 등이 우리 사회가 지닌 가장 큰 문제라고 생각해요. 그리고 거기에 진보 세력이 적지 않은 책임이 있다고 봅니다. 왜냐하면 이들이 정권을 잡은 이후에 자유, 인권 이런 부분들을 너무 강조하면서 학교, 가정, 공권력 등의 권위를 너무 약화시켰어요. … 노무현 대통령이 탈권위를 했다고 좋아하는 사람이 많던데 난 정반대예요. 국가든, 학교든, 가정이든 적절한 권위는 필요한데, 운동권 사람들은 이런 부분을 전혀 고려하지 않고 권위와 질서를 적대시하는 태도로 일관해서 현재의 혼란을 가초했다고 생각합니다."

김미숙, 49세

김미숙과 비슷한 논리로 김유천과 윤광혁은 학교 현장에서 자유화가 심화되면서 무질서 현상이 심해지는 것에 대한 문제제기를 하고 있다. 그리고 이민자와 진미정도 전체적으로 유사한 입장을 밝혔다. 여기서 보면 이들이 모두 학교 현장에서 나타난 사안을 통해 문제의식을 갖게 되었다는 점을 유념할 필요가 있다.

이들은 모두 50세 전후 및 그 이상 연령대에 속한 사람들로 장·노년층에 해당한다. 그들이 학창시절을 보냈던 당시 중·고등학교는 군대 다음으로 엄격한 통제와 규율이 작동하고 위계에 따른 획일적인 질서가 자리 잡고 있던 곳이다. 이들은 모두 자신들의 학창시절과 지금의 학교를 비교하면서 과거의 권위적 방식을 비판하기는 해도 '질서'가 있었다는 점을 긍정했다. 그래서 이들은 조직의 안정을 위해 질서가 없는 것보다는 권위적인 방식일지라도 질서 자체는 있어야 한다는 입장을 강조한다.

이들은 학교 현장에서 나타난 문제점을 보고 자유화의 부정적 영향에 주목하게 되었는데, 이것이 해당 사안에만 국한되지 않고 진보 세력이 강조하는 다원성과 자율성의 부작용에 대한 비판으로까지 이어지기도 한다. 특히 이들은 노무현 대통령의 탈권위주의적 정치 행위에 대해 상당히 비판하면서, 현재의 가치관 혼란에 대한 책임이 진보 세력에 있다는 점을 강조한다.

> "내 자식이 대학생인데, 유시민 씨를 좋아해요. 그런데 나는 유시민 씨에 대해 좋게 생각하지 않아요. 자유분방하고 하고 싶은 말 다하는 건 자연인으로서는 좋지만, 조직인으로서의 태도는 아닙니다. … 규범과 질서가 있어야 어떤 조직이든 기본은 한 상태에서 발전을 도모할 수 있는 것인데, 그렇게 다들 막 나가니 열린우리당도 망한 거고 지금 민주당도 저 모양 저 꼴인 거죠. … 민주화가 되어 자유, 인권 이런 것을 중요시하는 것은 좋아요. 그렇지만 과유불급이라고, 개인 혼자 사는 것도 아니고 사회 속에서 살아야 하는데 기본적 질서를 약화시키면 안 되는 거죠."
>
> 윤광혁, 53세

이처럼 진보 세력의 자유주의적 태도가 지나쳐서 사회 질서를 약화시킨다고 판단하는 사람들의 입장을 살펴보았다. 그리고 이와 비슷한 맥락에서 김대중-노무현 정권 시절에는 다원성에 기초한 자유화의 흐름이 강조되었고 성소수자 문제와 낙태 문제 등 기존 전통윤리에 의해 금기시되었던 사안에 대한 문제제기가 확산되었다.

다만, 진보 정치 세력이 이 사안을 정치적으로 이슈화 하지 않았기 때문에 미국과 다르게 정치적 차원에서 보수 진영과 별다른 대립이 발생하지는 않았다. 이는 진보적 자유주의 성향의 정치 세력이 정권을 잡으면서 사회 전반적으로 다원성에 기반한 개인의 자유와 인권 등이 강조되면서 자연스럽게 나타난 새로운 시대적 풍조라고 할 수 있다. 그런데 이와 같은 현상을 비판적으로 인식하는 사람들이 있다.

"낙태는 생명윤리와 관련된 문제로 전 이 문제를 중요시합니다. 과거처럼 피임에 대한 인식과 방법이 제대로 알려지지 않는 것도 아니고 지금은 얼마든지 사전에 피임을 할 수 있습니다. 그럼에도 성인들의 무분별한 성윤리로 지금도 얼마나 많은 생명이 낙태로 목숨을 잃고 있습니까? 이것이 청소년에게도 영향을 주어 고등학생, 심지어 중학생까지 낙태를 하고 있어요. 정말 충격적인데요, 사회가 너무 제어가 되지 않을 정도로 자유화가 되어서 발생한 문제예요."

민금숙, 55세

민금숙은 성윤리 측면에서 민주화 이후 자유화가 심화되면서 사회의 도덕적 질서가 와해되고 있다고 생각한다. 이것이 사회 안정의 기초를 허물고 있다고 판단한다. 이와 비슷한 시각에서 동성애 문제에 대해서도 비판적으로 인식하는 경우가 있다.

"난 김대중-노무현 후보를 연이어 지지했어요. … 보수 진영에서 극단적인 분들이 두 정부의 성과를 과도하게 매도하는 것에 대해선 상당히 불편함을 느낍니다. 그럼에도 내가 정치적 정체성을 바꾼 이유는 바로 동성애 문제 때문이에요. 물론 김대중-노무현 정부가 미국처럼 동성애 결혼을 합법화하지 않는다는 건 잘 압니다. 문제는 정치권이나 정권이 아니라 그 세력을 지지하는 흐름이 중요하잖아요. 퀴어 축제라고, 동성애자들의 행사가 시작된 게 2000년대 초반일 거예요. 그리고 노무현 정권 들어선 이후에 사회 전반적으로 자유화의 분위기가 고조되고 그런 와중에 동성애자들의 목소리도 점점 더 커지는데 난 이런 것에 대해 명확히 반대합니다."

하민희, 47세

이 경우는 성소수자 문제가 공론화되는 현상에 대한 반발 심리를 보여준다. 성소수자 문제는 관련 인권단체 등에서 제기된 사안으로 진보 세력 전체가 중심 의제로 제기한 것은 아니다. 이 사안의 경우, 진보 세력이 집권한 이후 형성된 사회적인 자유화 분위기 속에서 성소수자 인권 운동가들이 활발히 운동을 전개하여 사회적 이슈로 부각된 것이다. 물론 한국은 성소수자 문제가 미국처럼 정당정치 차원에서 주된 논쟁으로 비화되는 상황은 아니다. 다만 전에는 볼 수 없었던 현상에 거부감을 갖는 문화적 보수주의자들은 진보 세력과 연계된 사회 변화의 결과로 이해한다.

여기서 주목해야 할 부분은 민금숙과 하민희 모두 종교(개신교)의 영향을 많이 받았다는 점이다. 두 사람 모두 미국의 사례를 언급하면서 낙태 문제와 성소수자 문제에 보수적인 입장을 보였다. 여기에서 보이듯 보수적인 개신교회 등은 이 문제를 정치화하여 진보 세력을 향한 부정적 담론 전략을 동원하고 있다.[128] 그리고 그 영향력이 적지 않다는 점을 확인할 수 있다.

특히 하민희는 인터뷰 과정에서 지금도 자신은 '김대중을 존경하고 노무현을 좋아한다'는 말을 했는데, 이는 상당히 의미심장한 발언이다. 하민희는 김대중을 상대로 '존경한다'는 표현과 노무현을 상대로 '좋아한다'는 표현을 하는데, 이는 해당 세력에 대한 정치적 이해의 깊이와 애착을 보여주는 중요한 단서가 된다. 먼저 노무현 대통령 및 친노에 대한 평가는 민주당 계열 정당 지지자 내에서도 이견이 존재하기 때문에, '좋아한다'와 같은 긍정적인 인식은 '친노' 진영에서 나타나는 경우라고 할 수 있다. 그리고 '친노' 세력 내에서도 정치적 스펙트럼의 차이가 있기 때문에, 김대중에 대해 '존경'이라는 표현을 쓰는 경우는 '민주당'에 대한 지지가 전제된 상황에서 노무현을 긍정한다는 것을 보여주는 결정적 증거다. 그래서 하민희의 경우는 전통적인 민주당 지지 성향이면서 노무현에 대해서도 긍정적으로 평가하는 입장으로 해석할 수 있다. 그리고 심지어 그는 이명박 정권에 대해 상당히 비판적이었고, 박근혜 정권의 통치방식에 대해서도 부정적인 의견을 밝혔다.

이렇게 볼 때 하민희는 새정치민주연합에 대한 지지성향이 강했던 인물로 평가하는 것이 가능할 정도다. 그럼에도 불구하고 하민희는 정치사회 영역에서 나타나는 갈등의 균열보다, 자신이 믿는 종교에서 강조하는 가치와 그에 따른 윤리적 측면을 더 중시한다. 이는 2000년대 들어 특히 개신교 계열의 대형교회를 중심으로 한 보수주의 운동의 영향력이 실질적으로 존재한다는 것을 보여주는 하나의 사례라고 판단된다.

위의 경우를 전체적으로 살펴보면 이들은 자유주의 심화에 따른 개인주의화와 기존 도덕적 질서의 와해 현상에 대해 우려하고 있다. 그리고 이러한 현상은 현재 신자유주의적 질서 재편이 심화되고 있다는 시대적 환경과 관련되어 있다. 신자유주의는 개인화를 촉진시키고 사회적 연대의 약화를 추동하는 경향을 보인다.[129] 앞에서 살펴보았듯이 한국도 예외는 아니어서 시장주의 확산을 목적으로 한 신자유주의 사회재편은 광범위하면서도 빠른 속도로 이루어지고 있다.

그런데 한국은 신자유주의가 확산되는 시기에 김대중-노무현 정권이 등장하면서 기존의 집단주의적이고 획일적인 문화와는 반대되는 사회문화적 자유화와 개인화 현상이 두드러지게 나타났다. 경제적 신자유주의에 의한 개인화와 사회문화적 차원에서의 개인화가 동시에 강화되면서 사회적 결속과 통합이 약화된 측면이 있다. 따라서 이에 대한 비판적 문제의식이 형성되었고 보수주의가 이 지점을 파고들었다고 볼 수 있다.

보수, 어떻게 연대와 통합의 키워드가 되었나

그러면 이들이 중시하는 것은 무엇인가? 이들은 진보 세력이 개인과 소수자의 인권과 가치에만 치중하면서 공동체 일반의 질서와 가치에 소홀하다고 판단한다. 그래서 이들은 문화적 자유주의에 의해 침식되고 있는 사회적 결속력을 강화하기 위한 도덕, 권위를 강조한다.

"가정이든 어디든 권위와 질서가 있어야 해요. 그렇지 않고 놔두면 콩가루 집안이 되는 건 시간문제라니까. 사회 기강이 서고 질서가 있어야 사람들도 서로를 존중하고 그런 거지 그런 게 없이 다 따로따로 행동하면 그게 되겠냐고. 사람이 세상을 혼자 사는 게 아니잖아. 이런 말을 하면 젊은 사람들이 수구, 보수 이러면서 욕하는데 그러면 안 되지."

이민자, 71세

이민자의 발언에서 보이듯 이들은 권위와 질서를 중요시하며 개인에게 삶의 방향성을 부여하고 사회 속에서 안정을 찾도록 하는 윤리적 요소의 중요성을 강조한다. 이러한 인식은 에밀 뒤르켐 Emile Durkheim의 시각과 유사한 측면이 있다. 근대 사회변동 과정에서 기존의 질서가 해체되면서 발생한 아노미를 극복하기 위해 뒤르켐은 새로운 도덕의 창출을 강조한 바 있다.[130]

이들은 현재 상태를 아노미 상태로 파악하며 이 문제를 해결하여 사회 통합을 이루기 위한 구체적인 대안으로 전통윤리와 종교를 강조한다. 역사적 관점에서 볼 때 보수주의는 근대화 과정에서 나타난 기존 질서의 단절과 극단적 개인화 현상에 대한 대응 과정에서 나온 것이다. 그리고 근대화 과정에서 발생하는 불안과 긴장감을 극복하기 위해 전통과 공동체 윤리를 강조하는 경향이 있다.[131] 이와 같은 현상이 현재 사회 통합의 위기를 겪고 있는 우리 사회에서도 나타나고 있다. 그러면 이와 관련해 전통을 강조하는 경우를 먼저 살펴보도록 하자.

"우리의 전통윤리는 본받고 배울 점이 많아요. 사람과 공동체를 중시하잖아. 옛날엔 먹고살기 힘들어도 정은 참 많았는데 그게 왜 그랬겠어? 다 우리네 전통윤리 때문에 그런 거지."

한선희, 60세

이들은 과거에는 개인이 공동체적 질서 속에서 안정감을 가질수 있었는데, 이것이 현재 사라지게 되었다는 견해를 밝혔다. 이에 대해 필자는 현대사회가 과거와는 다른 조건에 있기 때문에 그러한 생각은 미래지향적인 대안이라기보다 단지 사라지는 것에 대해 아쉬움을 갖는 일종의 회고적 자세로 볼 수 있을 것 같다는 질문 겸 응답을 했다.

그런데 이에 대해 한선희는 남녀 차별처럼 없어져야 하는 전통윤리도 있지만, 공동체를 중시하는 것은 사라져야 할 대상이 아니라 계승해야 하는 가치라고 언급했다. 계승해야 하는 전통과 버려야 하는 인습을 구분하고 있음을 알 수 있다. 이는 상당히 예리한시각으로, 한선희가 사안을 구분해 인식한다는 것을 보여준다. 그렇게 볼 때 전통윤리를 강조하는 사람들을 단순히 복고적인 태도라고 단정하는 일부 진보 진영의 인식과 태도는 잘못된 것이다.

그다음으로 종교를 사회 통합의 기반으로 인식하는 경우에 대해 살펴보도록 한다. 종교적 가치관을 중시하는 사람 중에서 동성애나 낙태 문제처럼 종교적 원리와 기본적으로 충돌할 수 있는 여지가 있는 사안에 보수적인 입장을 취하는 경우가 있다.

"난 내 종교적 가치도 그렇고 가족의 중요성에 대해서는 확고한 입장이기 때문에 이에 대한 제어가 필요하다고 생각했어요. 그래서 보수주의에 대해 다시 생각하게 된 거예요. 그렇게 보면 난 문화적 보수주의자라고 할 수 있을 것 같네요. 실제로 난 새누리당이라는 보수 정당을 지지하는 것과는 좀 달라요. 얼마 전에 여론조사에 응한 적이 있었는데 그때 지지하는 정당이 없다고 응답했어요. 보수 정당이 맘에 들지는 않지만 동성애 문제 이런 것에 대한 제어가 필요하기 때문에, 선거할 때에는 누군가를 선택해야 하니까 보수 정당을 지지하는 거예요."

하민희, 47세

하민희는 '맘에 들지 않지만 보수 정당을 지지한다'고 발언했다. 심지어 자신이 새누리당 지지자로 비춰지는 것에 대해 곤혹스러운 입장을 밝히기도 했다. 이는 민금숙에게도 동일하게 나타났다. 생명윤리 중시 차원에서 낙태 문제를 중요하게 생각하는 민금숙은 이명박 정권의 4대강 사업에 대해 강한 분노를 표출했고, 자신이 이명박 대통령에 투표한 것에 대해 크게 후회한다고 했다. 그럼에도 하민희와 비슷한 이유로 결국 선거 때는 새누리당을 지지했다고 밝혔다.

이들은 보수 정당을 냉정하게 평가하고 있으며 보수 정당에 대한 지지도도 약했다. 그러나 문화적 가치의 측면에서 진보적 흐름과 충돌하게 되면서 보수주의자가 된 경우이다. 이들은 스스로를 문화적(윤리적) 보수주의자라고 규정했는데, 이는 시민사회 내에 형성되고 있는 보수화의 새로운 경로를 보여주는 것이다.

그리고 이와 같은 현상은 한국에서만 나타나는 것은 아니다. 토머스 프랭크Thomas Frank는 미국 캔자스 주에서 나타난 변화의 원인을 추적했다. 캔자스 주는 사회경제적으로 열악하고 과거 진보적 흐름이 강했지만 현재는 보수 세력의 강력한 지지기반이 되었다. 원인을 분석해본 결과 사람들이 사회경제적 요인보다 종교와 같은 관념적 요인을 중시하여 보수적 정체성을 확립하게 되었다는 결론을 얻을 수 있었다.[132] 이처럼 관념적 요인은 정치적 정체성 형성에 있어 독자적인 의미를 가진다는 점에 유의해야 한다.

그런데 여기서 의문과 반론이 제기될 수 있다. 한국의 보수 세력은 남성 권위주의 문화의 잔재가 아직도 많이 남아 있기 때문에 성추문과 같은 도덕적 문제점이 끊임없이 나타나고 있다. 그리고 부패 문제에서도 여전히 취약한 모습을 보여주고 있다. 실제 하민희와 민금숙도 보수 정당과 정치인의 위와 같은 모습에 대해 상당히 부정적인 의견을 밝혔다. 진보 세력은 도덕적인 측면을 근거로 보수 세력에 대해 정치 공세를 하곤 하는데 왜 이들은 '도덕성'을 근거로 보수주의를 지지하는가?

이는 '도덕'을 이해하고 '도덕'의 역할을 규정하는 방식의 차이점에서 기인하는 현상이라고 생각된다. 이들은 도덕을 사회적 안정과 질서를 유지시키는 독자적이고 선험적 실체로서 인식하고 개인윤리와 사회윤리를 구분해서 파악한다. 그래서 보수 세력에게서 나타나는 일탈은 보수 세력 전반의 문제라기보다 진보 세력에게도 해당되는 개인윤리의 영역으로 인식한다. 반면에 진보 세력은 도덕형성의 정치경제학적 기원과 사회 구성에 초점을 맞춘다. 따라서 개인의 도덕적 일탈을 사회구조적 요인으로 인식하고 정치적으로 특정 진영의 문제로 몰고 간다.

도덕의 정치경제학적 기원과 영향에 대한 진보 세력의 관점이 틀렸다고는 할 수 없지만, 이처럼 도덕의 독자성을 배제한 인식은 두 가지 문제점을 초래한다. 먼저 도덕을 보수 세력의 영역으로 방치하는 결과를 초래하고 있다. 진보 세력은 정치경제학적 구조의 변화에 초점을 맞추고 도덕의 독자적 측면을 간과했다. 그래서 진보 세력은 도덕 담론을 보수 세력이 독점하는 현실을 사실상 수수방관했다. 그리고 도덕이 지니는 보편적인 특성을 감안하여 정치적 진영 논리와 상관없이 대처해야 하는 사안이 있음에도 불구하고 진영 논리의 시각에서 접근하여 진보의 기반을 스스로 허무는 결과를 초래하기도 했다.

단적인 예가 바로 북한 인권 문제에 대한 진보 진영의 접근 방식이다. 인권의 보편적 성격을 고려할 때 진보 세력이 북한 인권 문제에 동참하는 것이 바람직했다. 그런데 진보 진영은 이를 정치적인 이유로 사실상 방기하였다. 그 결과 북한 인권 담론을 보수에게 빼앗겼고, 이는 진보 진영의 중요한 가치이자 업적이라고 할 수 있는 대북화해협력 노선의 대중적 확산에 있어 부정적 영향을 주었다.

이렇게 볼 때 진보 세력은 도덕이 갖는 사회적 기능과 이를 중시하는 대중의 사회 심리에 대해 좀 더 고민을 했어야 했다. 그런데 도덕이라고 하면 낡은 관념이자 보수 세력의 지배 이데올로기의 한 형태라는 식의 도식적인 시각에 갇혀 이에 적절히 대응하지 못했다.

이제까지 문화적 반反자유주의 입장에서 전통과 사회윤리를 통해 사회 통합을 지향하는 문화적 보수주의의 흐름에 대해 살펴보았다. 이제까지 살펴본 것처럼 사회질서를 유지하기 위한 원리로 사회윤리를 강조하는 경우 이것은 사회가 보수화하는 한 원인으로 작용한다.

그리고 도덕 및 질서를 강조하는 것은 신자유주의 부작용을 해소하기 위한 우파의 전략과도 관련이 있다. 특히 신자유주의 심화 과정에서 나타나는 사회적 연대의 약화와 이기주의 확산이라는 문제점을 해결하기 위해 우파의 정치사회적 기획을 특정해 신보수주의[133]라고 정의하기도 한다. 이는 비록 레토릭에 머문다고 할지라도 보수 세력은 도덕과 규범을 통한 공동체 질서를 강조하는 성향을 보인다. 그래서 대중은 보수 세력이 위와 같은 태도를 보이기 때문에 과도한 자유주의적 성향으로 인해 사회적 안정을 저해하는 진보 세력보다 낫다고 판단하는 것이다.

그다음으로 국가와 국가주의를 통해 사회 통합을 지향하는 경우를 살펴본다. 이와 관련해 두 가지로 나눠서 살펴볼 수 있는데,

사회 통합의 이데올로기로서 국가주의를 강조하는 경우와 국가 공권력을 통한 물리적 통제를 지향하는 경우가 있다.

그러면 먼저 국가주의의 사회 통합적 성격과 관련된 경우를 살펴보도록 하자. 이는 특히 소외계층에게 주로 나타난다. 소외계층은 사회적 네트워크가 약화된 경우가 많기 때문에 파편화되고 개별화된 상태에서 소외감을 느끼기 쉬운 여건에 처해 있다. 그리고 신자유주의 재편에 의해 위와 같은 경향은 더욱 강화되는 모습이 나타난다.

신자유주의 재편 과정 속에서 효율과 경쟁에서 도태된 수많은 인간이 양산되고, 이들을 열패자[134]나 쓰레기[135]로 인식되는 현상이 확산되고 있다. 그리고 한국 사회에서 신자유주의는 불안과 공포를 만성화시켰다.[136] 더군다나 사회적 연대 정신이 시민사회 내에 뿌리내리지 못한 상황이고 제도적으로 사회 안전망도 부실하기 때문에 신자유주의 재편이 초래한 사회변동은 불안의 질적 악화를 초래하고 있다. 시민사회는 기본적으로 '경쟁'과 '연대'의 요소가 공존하는 영역[137]인데 신자유주의적 재편으로 인하여 '연대'는 더욱 위축되고 '경쟁' 원리가 압도적으로 강화되는 양상이 나타났다. 이와 같은 여건 속에서 사회적 연대는 기초부터 부식되고 있다.

이러한 상황은 사회 통합을 심각하게 저해한다. 그래서 신자유주의에 따른 사회 분열을 막기 위한 통치 전략으로 국가는 국민주의를 강화한다.[138] 이는 소외된 개인에게 국가가 집단적인 국민 정체성을 부여하여, 사회적 연대가 와해되는 상황을 극복하려는 의도이다. 그리고 한국은 제도적으로나 사회문화적으로 국가 우위의 기반이 강하기 때문에 국가주의가 통합과 결속을 위한 이데올로기로서 역할을 하기에 유리한 여건이다. 특히 사회적 네트워크가 약한 소외계층은 통합의 이데올로기로 국가주의에 매료될 가능성이 더욱 높다.

> "뭐, 나 같은 사람들에게 믿을 것은 국가 밖에 없어. 주변에 믿고 의지할 만한 사람도 없고."
>
> 김민철, 74세

실제 인터뷰 과정에서도 특히 빈곤층과 노년층 가운데 상대적 소외감을 강하게 느끼는 사람들이 김민철과 유사한 표현을 하곤 했다. 처음에는 '나 같은 사람'처럼 자조적인 언급을 하고, 그다음에는 '국가에 대한 기대 및 의지 심리'를 나타내는 방식이었다.

이들이 국가에 기대하고 의지하는 이유는 이들의 사회적 네트워크가 약화되었거나 심지어 와해된 것과 관련이 깊다. 위에서 김민철도 "믿을 건 국가밖에 없어"라고 하며 국가에 대한 의지 심리를 나타냈다. 이들은 주변 사람과 거의 교류를 하지 않으며 심지어 가족해체 단계에까지 이른 경우도 있었다.

그러면 이들의 사회적 네트워크가 약화된 이유는 무엇인가? 가장 큰 이유는 이들은 경제적 능력이 약한 탓에 외부 여건상 사회적 이동이 잦을 수 밖에 없었다. 그 과정에서 본인 삶에 대한 자존감이 떨어지면서 스스로 고립화하는 것과 관련이 있다.

"예전엔 친지들끼리 계도 하고 그랬지. 지금은 다들 먹고살기도 바쁘다 보니 주소도 바뀌고 연락도 안 되는 사람들도 있고 그러면서 많이 뜸하지. 예전에 알고 지냈던 사람이 자기 자식 결혼할 때 청첩장을 보내지 않으니까 좀 섭섭하기는 하더라고. 그런데 한편으로는 다행이긴 한 게, 청첩장을 받으면 안 가기도 그렇고 가려면 요새 5만 원은 해야 하잖아. 근데 내 처지에 5만 원은 크긴 커… 참 이런 걸 생각하면 씁쓸하긴 해. 그러다 보니 사람 만나는 것도 꺼려지게 되고."

오수택, 57세

경제적으로 능력이 있는 사람들은 자신의 이익 창출을 위한 능동적 욕구에 따라 이동을 하기도 하지만, 빈곤층의 경우에는 생존적 차원에서 사실상 반강제적으로 이동하는 경우가 대부분이다. 그 과정에서 기존의 사회적 네트워크가 와해되는 현상도 나타난다. 이처럼 파편화된 상태에서 빈곤층은 심각한 고립감을 느낀다. 그래서 이들은 국가가 자신들에게 소속감과 일체감을 제공하여 통합과 결속을 가능하게 하는 존재로서 인식한다. 국가가 실제 그들을 위해 구체적으로 어떤 혜택을 주었을 것 같지는 않았지만, 이들은 국가에 대한 존중과 일종의 의탁 심리가 있었다.

반면, 진보 진영은 국가를 보수 세력의 지배력을 유지시키는 강압적이고 물리적인 억압체로서 인식하는 경향이 있다. 진보 세력은 권위주의 국가에 대항하는 과정 속에서 국가의 폭력성과 억압성을 비판했는데, 여기에 초점을 맞추다 보니 국가가 지닌 다른 긍정적인 측면을 제대로 포착하지 못한 면이 있다. 이는 보수 세력에게 공격의 빌미를 제공하기도 한다.

그리고 사회적 네트워크가 와해된 사람들 중에서는 비록 가상 속의 형식적인 공동체일지라도 국가를 개인이 의탁할 수 있는 대상으로 보고 있다. 그런 점에서 이들에게 국가는 일종의 종교와 유사한 역할을 하는 것으로 보인다. 그래서 '국가 운영 능력 이슈'에서 헤게모니를 획득한 보수 세력이 이에 대한 대안으로 자연스럽게 인식된다.

그다음은 국가 공권력을 통해 사회적 안정과 통합을 추구하는 경우를 살펴보려고 한다. 앞서 국가의 상징적이고 이데올로기적 측면을 보았다면, 이는 국가의 물리적인 측면과 관련되어 있다. 이제까지 인터뷰한 사람들은 당면과제 해결이라는 현상타파를 통해 안정을 도모하는 적극적 안정론자였다고 할 수 있다. 그와 달리 현상유지를 지향하는 소극적 안정론자들이 인식하는 위기의 원인에 대해 살펴보도록 하자.

"사회 전체적으로 기강이 해이해졌어요. 그러니 사건 사고가 끊이질 않고 불안한 거예요. 어디 하나 제대로 중심을 잡는 곳이 없으니 이러는 겁니다. … 민주화니, 인권이니 하면서 너무 풀어진 거예요. … 다 국가가 약해져서 그래요. 국가가 제대로 하지 못하니 그 아래는 다 나사가 풀려서 그런 겁니다."

유강택, 54세

유강택의 언급에서 알 수 있듯이, 이들은 현재의 위기가 사회를 통합할 수 있는 국가의 힘이 약화되어 발생한다고 판단한다. 이상우는 국민안전의 최후의 보루인 국가 공권력을 폄훼하는 행위를 '자유'라고 인식하는 것은 사회적 안정을 해치게 된다는 이유로 부정적인 평가를 하고 있다.[139] 이들이 국가에 기대하는 바는 자신에게도 위협이 될 수 있는 대상을 국가가 사전에 효과적으로 배제하는 것이다. 그런데 소극적 안정론자들은 진보 세력이 민주, 인권 등의 가치를 중시하고 약한 국가를 지향하는 것으로 판단하기 때문에, 진보 세력이 자신들이 원하는 배제의 정치를 효과적으로 하지 못한다고 판단한다.

그러면 위와 같은 입장을 갖는 사람들이 위기 극복의 대안을 보수 세력으로 인식하는 이유는 무엇인가? 인터뷰를 통해 살펴본 결과 소극적 안정론의 입장을 내세우는 경우 두 가지로 구분할 수 있었다. 먼저 사회적 안정과 질서유지에 있어 강력한 국가의 사회적 지배력이 필요하다는 입장에서 과거 권위주의 국가주의의 장점을 강조하는 경우가 있다.

"예전엔 국가가 강력하니까 지금과 같은 심각한 범죄도 별로 없었어요. 사회가 질서가 없어지니 믿을 수 없게 된 거지. 국가가 강력하게 하면 상황이 이렇게까지 되겠나? 갈수록 사회가 복잡해지면 그만큼 국가도 강하게 나가야만 질서가 잡히는데, 운동권은 이런 것에 대한 생각이 없어요. 보수 쪽은 공권력과 안정을 중시하잖아요."

박철훈, 63세

한국의 근대 산업화 과정에서 국가는 다양한 역할을 수행했다. 경제개발의 기획자였고 이데올로기와 담론의 생산주체였으며 개인의 미시적인 삶의 과정에까지 개입한 권력 주체였다. 이에 대해 진보 진영은 권력의 억압적 측면을 강조하는 데에 반해, 보수 세력은 질서 유지자로서의 국가의 통합적이고 안정적인 측면을 강조한다. 국가에 대해 보수의 입장에 동의하거나 진보와 보수의 입장을 동시에 수용하는 사람들은 매우 많을 것이다.

그리고 이들 중에서 몇몇은 현재 한국 사회가 민주화가 되었다고 판단하여 현재의 법과 제도를 벗어난 행동이 사회 공공성을 해치는 잘못된 행위라고 인식하는 경우가 있다.

"민주화도 될 만큼 되었고 과거처럼 막 투쟁하고 그런 시대는 아니
잖아요. … 합리적 절차를 벗어난 행위에 대해서는 대처가 필요합니
다. 국가가 이런 역할을 잘 해야하죠."

정영호, 45세

이들은 현재의 사회 질서가 공정하지는 않지만 문제 해결을 위
해 합리적인 방안을 둔다고 생각한다. 이 때문에 사회적 약자들은
강경한 '사회운동'의 모습에 대해 부정적인 생각을 지니고 있다.
그래서 이들은 법과 원칙에 따른 대처를 강조하며 보수 세력이 자
신의 가치에 부응한다고 판단한다.

"민주화 세력은 열기에 휩싸이는 경향이 있고 그러면서 법이나 제
도 등을 무시하면서 하려고 하는데 그렇게 하면 반드시 탈이 나고
문제 해결도 안 돼요. 지금은 과거처럼 투쟁하는 시대가 아니고 민
주화가 되었잖아요. 그러면 이젠 법과 원칙에 맞게 요구할 건 하고
해결하는 게 맞죠."

오미현, 57세

오미현은 인터뷰 대상자 중 '법과 원칙'을 가장 많이 강조한 사
람이었다. 오미현 외에도 이러한 인식을 하는 사람들은 모두 법과
원칙을 통해 국가와 사회가 운영될 때 국가와 개인의 삶이 안정될

수 있다는 입장을 밝혔다. 이민자, 진미정 등도 동일한 입장이었는데 이들은 국가에게 그 이상의 역할을 기대하지 않는다.

이들은 현재의 상황이 자신들이 생각하는 합리적 기준에 상당히 부합하는 것으로 이해한다. 정영호가 "민주화도 될 만큼 되었고"라는 말을 했는데, 이는 사람들의 공통된 인식을 보여주는 것이다. 그래서 진보 세력이 현재 사회구조에 많은 모순점이 있다고 판단하고 문제 해결을 위해 강경한 행동을 취하는 것을 부정적으로 생각한다. 그리고 이들은 사회적 균형과 안정에 관심을 두는데 이 자체는 현상을 유지하려는 보수적 감성과 결합된다. 이와 같은 견해를 밝힌 사람들은 대다수가 부유층에 속해 있었는데, 자신들의 계급적 정서가 반영된 것으로 판단된다.

그다음은 현상타파를 통해 문제를 해결하기를 원하지 않으며 수동적이고 체념적인 자세로 현재의 상태를 수용하는 경우이다. 이들은 일종의 자포자기형 소극적 안정론자로 규정할 수 있으며 빈곤층이 이와 같은 입장을 취하고 있다.

"기대하는 것이 없으니 정치는 훼방이나 하지 않았으면 좋겠어요. … 뭐 개혁한다고 해봐야 힘없는 사람들만 더 힘들더라니까."

한선희, 60세

"그냥 대세에 순응하면서 사는 게 최고예요, 최고. 내가 가진 것도

없지만 개혁이니 뭐니 하면서 기대만 해봤자 정신만 사나워져요. 그
냥 조용한게 좋아요. … 국가는 국민의 안전을 지켜주면 되는 거구
요. 사람들은 그 안에서 각자 일한 만큼 살면 되는 거죠. 뭘 복잡하
게 말해봤자 오히려 더 좋지 않아요."

황훈희, 53세

이들은 현재 자신들의 처지가 어렵지만 미래 전망이 명확하지
않은 상황 속에서 자신들이 할 수 있는 최선의 선택은 주어진 질
서에 순응하는 것이라고 말한다. 이들은 변화를 통해 불확실한 상
황에 놓이면 가진 것 없는 자신들은 오히려 삶이 어려워질 가능성
이 높다고 판단한다. 그래서 자신들에게 익숙한 삶을 유지하는 것
이 유리하다는 판단을 하는 것이다.

진보 세력은 가진 것 없는 사람들이 안정지향심리를 갖는 것에
대해 의아하게 생각할 수 있다. 안정은 지킬 것이 많은 기득권층
의 논리라고 판단하기 때문이다. 그렇지만 인터뷰에서 보이듯 빈
곤층도 안정 심리를 가질 만한 합리적인 이유가 있다. 이들은 가
진 것이 비록 적어도 그것만이라도 지키고자 하는 것이다.

물론 그렇다고 이들이 자신들의 처지를 긍정하는 것은 아니다.
이들은 체념적 어조로 개혁에 부정적인 자세를 가질 수밖에 없는
자신들의 처지와 입장을 피력했다. 따라서 이들은 자포자기형 소
극적 안정론자라 규정할 수 있다.

7 전통이 왜 중요시되었는가

위기의 장·노년층

이 장에서는 장·노년층이 보수화한 원인을 살펴보려고 한다. 노년층 보수화 현상을 설명하는 가장 대표적인 이론으로 생애주기론이 있다. 이는 사람이 나이가 들면 새로운 변화에 적응할 수 있는 신체적, 정신적 대응 능력이 떨어지기 때문에 변화보다는 자신이 익숙한 대상을 고수하려는 성향을 갖게 되고, 이것이 정치적 보수화로 이어진다는 이론이다. 이와 같은 해석은 경험적으로 볼 때 현실적 타당성이 있는 것으로 보인다.

그런데 이 논리만으로 장·노년층 보수화 현상을 설명하기는 어렵다. 생물학적인 노화가 사람의 의식에 영향을 줄 수 있다는 견해 자체는 일리가 있지만, 인간은 사회적 존재이기에 사회적 관계 및 구성을 반드시 고려해야만 한다. 그래서 장·노년층이 경험한 역사적 시간이 그들의 정치의식 형성에 영향을 준 부분에 대해 고려할 필요가 있다.

이 책에서 다루는 시기는 1997년 외환위기 직후부터 2014년까지인데, 그 사이 현재의 장·노년층에게 어떤 일이 발생하였는가? 먼저 이들의 경제적 상황은 열악하다. 〈표9〉는 OECD 가입국 중 노인 빈곤율 상위 8개국의 전체 빈곤율과 노인 빈곤율을 함께 정리한 것이다.

표 9 OECD 노인 빈곤율 상위 8개국 (단위: %)

국가	일본	미국	그리스	스페인	호주	멕시코	아일랜드	한국
노인 빈곤율	22	22.4	22.7	22.8	26.9	28	30.6	45.1
전체 빈곤율	14.9	17.1	12.6	14.1	12.4	18.4	14.8	14.6

자료: Pensions at a Glance 2011: Retrement-income Systems in OECD and G20 Countries(오미애, 〈노인빈곤율 완화를 위한 노인복지지출과 정채과제〉, 《보건복지포럼》 196, 2013에서 재인용).

우선 한국의 노인 빈곤율은 45.1%로 1위에 올라 있는데 30.6%로 2위를 차지하고 있는 아일랜드보다 14.5%나 높다. 그리고 여기에서 나온 OECD 30개국의 노인 빈곤율 평균은 13.5%이고 전체 연령의 빈곤율은 10.6%이다. 한국은 OECD평균과 비교해 볼 때 전체 빈곤율은 1.55배 정도 높지만 노인 빈곤율은 3.34배나 더 높다. 전체 빈곤율이 평균보다 높다는 점에서 빈곤 문제 해결이 시급하지만, 그 중에서도 노인 빈곤문제가 매우 심각하다는 것을 알 수 있다.

이뿐만 아니라 한국은 노인 자살률에서도 OECD 국가 중 가장 최악의 상황에 있다. 아래 〈표10〉은 OECD 국가 중에서 자살률이 높은 국가를 연령별로 정리한 것이다.

표 10	OECD 국가 자살 사망률							(단위: 명, 10만 명당 연령표준화 자살 사망률)
연령	15세~	15~24세	25~34세	35~44세	45~54세	55~64세	65~74세	전체
핀란드	12.8	20.8	26.0	20.1	22.9	16.9	16.5	16.5
프랑스	5.8	9.4	17.2	19.6	22.4	18.4	21.3	14.6
헝가리	8.5	9.5	15.3	32.1	33.6	27.2	26.5	21.0 ('04)
일본	13.0	21.2	24.9	24.6	29.9	22.0	17.9	19.4
대한민국	10.1	14.3	18.3	16.3	25.2	42.7	87.8	24.7

자료: OECD(2009): www.oecd.org/els/social/indicators/SAG(권혁남, 〈고령화 시대 노인자살에 관한 윤리적 분석〉, 《생명윤리》 12(2), 2012에서 재인용-).

OECD 국가 중 전체 자살률이 높은 핀란드, 프랑스, 헝가리, 일본 등과 장년층(55세 기준) 이상의 자살률을 비교해보면 프랑스와 헝가리는 급격한 변화가 없으며 핀란드와 일본은 오히려 자살률이 낮아지기도 한다. 그러나 한국의 10만 명당 자살자 수를 보면 45~54세는 25.2명인데, 55~64세는 42.7명으로 크게 늘고

65~74세는 87.8명이 되는 등 그 수가 급격하게 상승한다.

높은 자살률은 노인 빈곤 문제보다 더욱 심각한 의미를 내포한다. 경제적 빈곤은 자살을 선택하게 하는 데에 있어 중요한 원인이지만 이것만으로 높은 자살률을 설명하기는 어렵다. 자살을 사회적 통합과 관련된 사회적 현상으로서 분석한 뒤르켐의 연구[140]에서 알 수 있듯이 노년층의 높은 자살률의 원인을 빈곤 문제만으로 설명할 수는 없다. 그래서 사회변동 과정에서 형성된 이들의 소외의식을 주목할 필요가 있다.

소외는 근대화 과정에서 나타난 비인간화, 고립감, 불안감 등 부정적 심리 상태를 총칭하는 개념이다.[141] 특히 현대사회는 사회변동의 속도가 빠르기 때문에 소외가 심화되는 현상이 나타난다.[142] 더군다나 한국은 식민지, 해방, 건국, 전쟁, 산업화, 민주화 등 거시적 사회변동이 짧은 기간에 압축적으로 전개되었기 때문에 개인에 대한 사회적 압력은 무척 강했다고 할 수 있다. 한국의 장·노년층은 오랜 기간 이를 체험했고, 그에 따른 포괄적 의미의 '소외감'이 광범위하게 형성되었다고 볼 수 있다. 이들의 총체적인 소외의식은 심층 인터뷰 과정에서 확인되었다.

> "내가 어떻게 살아왔는데, 퇴물 취급이나 당하고 살기도 힘들고 참.
> 젊은 사람들은 우리 같은 늙은 사람들의 고통을 이해 못할 거야."
>
> 김민철, 74세

김민철은 자신이 사회적으로 존중받지 못하고 오히려 무시당하는 것에 대한 반발 심리를 '퇴물'이라는 표현을 통해 드러낸다. 그는 자신이 나이가 들어 사회변화에 능동적인 대처가 쉽지 않아 고통을 받음에도 이에 대한 사회적 배려와 인식이 부족한 것에 소외감을 나타내고 있다.

"세상이 너무 정신없이 바뀌니까 나도 이제 나이가 들어서 이런 것에 적응하기가 쉽지 않아요. 사는 게 힘드니까, 일은 계속해야 하는데. 내가 가진 기술은 이젠 써 먹을 수가 없어. 내가 나이가 많아도 아직 힘은 있는데, 내가 사장이라도 써 먹지 못할 기술을 가진 사람을 쓰진 않을 거야. 그래서 폐지나 줍는 거지."

김민철, 74세

장·노년층은 자신들이 사회로부터 소외되고 있다는 의식이 강했다. 김민철처럼 '퇴물'이라는 표현을 직접적으로 쓴 경우도 많았고 이와 유사한 맥락에서 '무시한다'는 표현도 자주 나왔다. 이는 단순한 푸념이 아니라 사회적 소외의식의 표출이다.

한국은 압축적인 근대화로 인하여 특정한 변곡점을 기준으로 새로운 문화와 정체성이 주류로 등장하면서 기존의 전통은 배제되거나 사장되는 현상이 누적되어 왔다. 그래서 이와 같은 과정을 온몸으로 경험한 현재 장·노년층의 소외 의식은 복합적인 성격을 띤다. 그리고 이것은 장·노년층의 높은 자살률에서 보이듯 사회 통합에 심각한 위기를 초래하는 중대한 요인이다.

장·노년층은 왜 진보에 분노하는가

그러면 위와 같은 복합적 소외감을 느끼는 장·노년층이 보수화되는 이유는 무엇일까? 이를 파악하기 위해 먼저 진보 세력에 대한 이들의 평가를 살펴보도록 한다. 인터뷰 과정에서의 분위기를 종합적으로 보면 진보 세력에 대한 비판적 의식을 '분노'의 감정으로 표출한 두 그룹이 있었다. 하나는 계급적 입장에서 배반당했다고 느낀 그룹이었고 그다음은 장·노년층이었다. 그러면 장·노년층이 진보 세력에 대해 분노하는 이유는 무엇인가? 먼저 장·노년층은 진보 세력이 선거 전략 차원에서 '젊은 층 대 노년층'으로 구분하고, 과거를 낡고 극복해야 하는 대상으로 접근하는 것에 대단히 비판적인 입장이었다.

> "민주당은 허구한 날 젊은 층만 찾잖아. 민주당 사람들은 우리 같은 노인네들은 신경도 쓰지 않아. 선거 때만 되면 젊은 층 투표율에만 신경 쓴다고 난리잖아. … 맨날 젊은 층 투표율에만 관심을 갖고, 그럼 그 이야기는 나처럼 나이든 사람들은 투표하지 말라는 뜻이 은연중에 있는 것 아니야?"
>
> 강윤미, 70세

강윤미의 발언에서 보이듯 노년층은 진보 세력이 젊은 세대를 중심으로 한 선거 전략을 강조하는 것에 불만이 있다. 그리고 더 나아가 이들은 진보 세력이 노년층을 무시한다고 인식하는데, 이런 배경에는 세대 차이에 따른 문화적 괴리감이 크게 영향을 주고 있다.

"민주당 사람들은 어른에 대한 예의가 없어. 내가 그냥 하는 말이 아니야. 과거 정동영이 노인들은 투표하지 말라고 하지를 않나, 유시민은 국회의원이 되자마자 한 게 청바지인가 입고 의사당에 가질 않나. 맨날 젊은 사람들하고만 어울려 다니면서 나이든 사람들은 비아냥거리고 무시하는데, 누가 좋아하겠어?"

김민혁, 74세

실제 진보 세력이 젊은 층에 대한 정치적 동원에 치중하면서 세대 요인이 정치 균열로까지 이어졌다고 볼 수 있다. 그런데 진보 세력은 이것이 장·노년층의 반발 심리를 초래할 수 있다는 것을 간과한 것이다.

그리고 진보 세력의 과거사에 대한 부정적 입장도 이와 관련이 있다. 과거를 이해하고 기억하는 방식은 현재와 미래의 행위에 큰 영향을 주게 되므로 분명한 정치적 현상이라고 할 수 있다.[143] 이와 관련해 진보 세력은 친일, 독재, 냉전 등 세 가지 키워드로 보수 세력의 역사적 정당성의 빈곤을 지적하였으며 이것의 대표적인 담론이 '수구 냉전 세력'이다.

'수구'는 시간 개념으로서 친일·독재를 동시에 포괄하기 때문에 '수구 냉전'은 '친일·독재＋냉전'을 의미한다. 진보 세력은 자신들이 친일·독재 세력이라고 규정하는 보수 세력의 문제점을 여러 측면에서 제기하고 이를 담론화한다. '반민주적', '특권층', '냉전 세력' 등이 대표적인데 여기에 '수구'라는 시간적 특성을 내포한 담론과 결합되는 것은 '냉전 세력'뿐이다. 그렇게 볼 때 '냉전 세력'이라는 담론은 다른 것과는 다르게 더 특별한 의미를 담고 있다고 할 수 있다.

이처럼 진보 세력은 주로 과거 문제를 담론화하는 경향이 강하다. 그리고 이와 같은 전략은 유권자에게 물질적인 혜택을 제공하여 지지를 확보하는 이익 정치보다 이데올로기적 정치 성향이 강하다. 이는 진보 세력이 사회운동 시절의 감성과 전략에서 벗어나지 못하고 있음을 보여준다.

그래서 진보 세력은 보수 세력을 '악'으로, 자신들을 '선'으로 규정하는 이분법적인 담론 전략을 동원한다. 이와 같은 도덕주의적 감성에 호소하여 보수 세력을 국민들로부터 고립시키려 한다. 이는 권위주의 세력이 색깔론을 통해 진보 세력을 고립시키려 했던 것과 역방향이지만 형식적으로는 비슷하다. 이와 같은 전략은 현재 상황이 적대 세력을 상대로 한 전투 과정에 있다는 듯한 분위기를 조성한다. 그래서 긴장감을 유발하여 정치적 동원의 에너지를 창출하려는 목적을 띤다. 그런데 이러한 전략은 장·노년층에게는 성공하지 못했다. 왜 그랬을까?

"운동권 사람들은 자기네들이 독재 정권 때 고생해서 그런지, 그 시대에 대한 감정이 좋지 않은 것 같아. 그런데 세상에 정치하는 사람들만 사는 건 아니에요. 나처럼 정치하고는 아무 상관없이 사는 사람들이 대부분이야. 그 사람들은 그저 열심히 일하면서 자기 가족들도 먹여 살리고 그런 거잖아. 나도 그랬고. 그런 사람들에게 독재니 뭐니 이런 게 뭐가 중요하겠어. 잘 알지도 못해. 그런데 운동권 사람들 이야기하는 거 보면 내가 마치 독재 정권의 하수인이 되어 있는 것 같은 느낌이 들 때가 있어. 아니 내가 야당만 찍어온 사람인데 그게 말이 되겠어?"

이미선, 65세

자신을 전통적 민주당 지지자로 밝힌 이미선은 정치 현안에 대한 이해도 밝았고 정치적 식견도 넓었다. 이미선은 자기 또래 사람들은 과거 젊은 시절에 자신들이 고생하여 나라가 이만큼 발전했다고 판단하기 때문에 자신들의 과거에 강한 자긍심이 있다고 말한다. 그리고 민주당이 독재 문제만을 언급하면서 과거를 부정적으로 언급하는 것은 마치 자신들의 과거 정체성을 부정하는 것으로 받아들이게 된다고 주장했다.

이것은 사람들이 과거를 기억하는 방식과 내용이 진보 세력과는 다르다는 것을 보여준다. 진보 세력은 이 시기를 어두운 시기로 기억하지만 상당수 장·노년층은 진보 세력과 달리 '발전'과 '성장' 그리고 '절대 빈곤 퇴치'와 같은 긍정적인 시기로 기억한다. 그 당시에는 고도성장이 이루어져 개인의 노력으로 성과를 낼 수 있는 여지가 존재했기 때문이다.

그래서 진보 세력은 보수 세력의 역사적 정당성의 빈곤을 지적하면서 정치적 동원을 시도했지만, 산업화 시절의 역사에 자긍심이 있는 장·노년층은 진보 세력의 세련되지 못한 이분법적 태도를 자신들의 역사적 정체성을 전복시키는 행위로 이해했다. 그리고 진보 세력의 이와 같은 태도는 실제 민중의 삶을 이해하지 못하는 엘리트주의이자 편 가르기라는 인식을 준다. 비록 진보 세력이 이와 같은 의도가 있다고 보기 힘들지만, 급격한 사회변동 과정에서 복합적 소외감으로 고통받는 장·노년층의 자긍심을 훼손한 측면이 있다. 이러한 요인이 결합되어 장·노년층이 집합적 정체성을 형성하는 계기가 된 것이다.

"민주당은 젊은 세대와 노인 세대를 딱 둘로 나눠서 우리 같은 사람들을 수구 꼴통이니 뭐니 하면서 비난하고 그런답니까? 정말 이해가 안 되고 분노가 치밀어요. … 우리를 무시해도 정도가 있지, 뭐

나이든 사람은 국민도 아니라는 겁니까? 민주당은 국민이 호락호락 하지 않다는 것을 똑똑히 알아야 해요."

민진숙, 68세

민진숙은 자신을 비롯한 노년 세대가 보수 세력에 투표를 한 것은 민주당의 잘못된 태도에 대한 당연한 행위라 언급했다. 특히 민진숙은 과거 열린우리당 시절에 한 진보 정치인이 '노인은 투표하지 않고 집에서 쉬어도 된다'는 소위 노인 폄하 발언을 한 것을 두고 민주당 세력이 노인을 국민으로 생각하지 않는다는 식으로까지 연결시키면서 이 부분에 대해 강한 분노를 표출했다. 이처럼 민진숙은 진보 세력이 국민으로서의 자신의 고유한 권리를 모욕했다는 점을 강조했다.

그리고 경제적인 이유를 결부시켜 언급하기도 했다. 차상위 계층인 김민철은 복지 정책에 강한 열망이 있었는데, 그는 진보 세력이 노인 빈곤 문제 등 복지 정책에 별다른 신경을 쓰지 않는 것 같다고 말했다.

"뭐 우리 같은 사람들은 살날이 얼마 안 남았다고 별로 신경 쓰지 않는 거지. 그러니까 복지 정책을 한다고 해도 다 젊은 사람들만 신경 쓰잖아. 무상급식이니 뭐니, 다 그렇잖아요. 없이 살면 다 같이 없는 거지, 없는 것도 서러운데 노인들은 살날이 얼마 남지 않아 표가 안

된다고 그렇게 차별하면 됩니까?"

김민철, 74세

이제까지 살펴보았듯이 장·노년층 소외감은 복합적 성격을 띤다. 경제적 어려움이 기저에 깔려 있는 것은 분명하지만 그것만으로 수렴되지 않는 장·노년층 불안과 불만의 내용은 다양하다. 그런데 진보 세력은 이 부분을 제대로 파악하지 못한 채 여러 측면에서 오히려 상황을 악화하고 있다.

샹탈 무페Chantal Mouffe가 말하듯 '정치적인 것'의 특징인 '적'과 '친구'의 구분은 정치적 동원에 있어 일반적으로 통용된다.[144] 그런데 대상에 대한 섬세하면서도 제대로 된 이해가 선행되지 않을 경우 오히려 역효과를 초래할 수도 있다. 진보 세력은 과거사와 관련하여 과거 역사 전체를 부정적으로 평가하는 모습을 보였고, 복합적 소외감을 느끼고 있는 장·노년층이 이에 자극받아 '세대'와 관련한 집합적 정체성을 형성하게 된 것이다.

산업화의 역사를 전통화하는 보수 세력에 환호하다

여기서는 보수 세력이 산업화 과정의 역사를 전통화하여 이를 헤게모니 형성의 도구로 활용하는 것에 대해 분석하려고 한다. 일반적으로 근대 국민국가 건설과정에서 주도적인 역할을 한 인물이나 관련 역사를 국민 통합의 상징으로 내세우며 통치의 자원과 수단으로 활용한다. 한 예로 마오쩌둥毛澤東에 관한 중국의 태도를 보면 알 수 있다. 중국 지도부는 마오쩌둥 사후 '문화대혁명'에 대한 책임을 물어 이를 주도한 4인방과 마오쩌둥의 부인까지 숙청했는데, 실질적 주역인 마오쩌둥에 대해서는 그가 건국 지도자라는 이유로 보호했다. 그리고 자금성 천안문에는 그의 대형 초상화가 아직도 걸려 있는데 이는 통치 전략과 관련 있다.

이와 관련해 에릭 홉스봄Eric Hobsbawm은 전통의 창조라는 개념을 사용한다. 홉스봄은 전통이란, 근대화로 인해 사회적 변동이 급속히 진행되면서 발생한 사회적 불안정을 해소하고 국민 통합을 이루어낼 수 있는 수단으로써 고안된 것이라 설명한다.[145] 이처럼 홉스봄은 지배 세력의 통치 전략의 차원에서 전통이 활용되는 것을 설명한 것이다.

제국주의로부터 독립한 제3세계는 일반적으로 독립과 해방을 통해 근대화로 이행하게 한 인물이나 관련 역사를 강조한다. 그래서 해당 국가의 지폐에 근대 국민국가 건설을 주도한 인물의 초상이 실리는 것이 일반적이다. 그렇게 볼 때 한국에서는 상당히 다른 모습이 나타나고 있다. 단적인 예로 이승만 대통령은 전통의 대상이 되지 못했다. 그렇다고 전통 자체가 통치 수단으로 활용되지 않은 것은 아니다. 대신에 논란의 대상이 되지 않는 시대가 그 대상이 되었고, 박정희 정권은 조선 시대의 이순신 장군, 신라 시대의 경주 등 현대사와 무관한 전통을 동원하면서 이를 통치의 수

단으로 삼았다.[146]

그런데 노무현 정권 중반에 들어 진보 세력에 대한 사회적 회의감이 확산되면서, 기존 보수주의의 성과를 강조하고 이를 전통화하여 지배에 활용하는 흐름이 나타나게 되었다. 보수 세력은 먼저 이데올로기 차원에서 진보 세력이 주도한 현대사 연구에 대한 적극적인 대응을 시도하면서, 기존의 친일 및 독재 등으로 부정적 평가를 받던 과거 역사를 긍정적인 관점에서 재해석하려는 움직임을 본격화했다.

뉴라이트 이론가인 이영훈은 《해방전후사의 인식》이 대한민국의 역사를 부정적으로 바라본다는 이유로 비판하며 대한민국 건국의 방향이 옳았기 때문에 현재 대한민국의 성과가 가능했다는 논리를 제시한다.[147] 그래서 '건국절' 제정 시도 등에서 나타나듯 '대한민국'에 대한 자긍심을 고취하여 과거 발전의 역사에 대한 추억을 자극한다. 그리고 이를 통해 미래 발전의 새로운 동력을 창출하고자 한다. 이처럼 현재의 보수 세력은 과거 국가 발전의 성과를 전통화하는 새로운 동원 전략을 제시하기 시작했다.

그리고 현재의 보수 세력은 정치사회 엘리트를 대상으로 한 위로부터의 동원 전략에만 초점을 맞추지 않는다. 경제 발전 시기의 기억을 직·간접적으로 공유하고 있는 대중(장·노년층)을 상대로 한 전략도 병행하고 있다. 단적인 예로 2012년 2월에 서울 상암동에 개관한 박정희 기념도서관 전시실 구성 방식을 언급할 수 있다. 이 기념관 내 전시실은 경제개발 시기 민중의 삶이 긍정적으로 발전한 과정에 초점을 맞추고 있다. 경제개발의 긍정적 측면을 박정희 대통령 개인적 측면으로 돌리지 않고 일반 민중의 삶의 변화와 결부하는 것은 기억의 정치라는 관점에서 볼 때 매우 큰 의미가 있다.

보수 세력이 이처럼 국가 주도 경제 발전의 역사를 전통화하는 이유는 두 가지이다. 첫 번째로 진보 세력의 과거사 정치에 대한 적극적인 대응과 관련이 있다. 보수 세력은 진보 세력의 과거사 정치를 비판하는 것에 그치지 않고 당시 역사를 경험한 대중의 의식에 초점을 둔 맞춤형 동원 전략을 내세우고 있다. 긍정적 관점에서 장·노년층이 경험했을 시기의 삶의 내용을 재해석하고 이미 지화하여 이를 정치 동원의 수단으로 활용한다.

그리고 두 번째로 국가주의 전통화 전략을 행함으로써 사회질서 유지를 중시하는 사람들의 의식에 부응하고자 한다. 이는 국가주의의 속성 자체가 비록 획일적이기는 해도 사회질서를 강조하는 기능이 있다는 것과 관련된다. 이러한 보수 세력의 동원 전략은 청년층을 중시하고, 과거 발전의 역사를 도외시한 진보 세력의 동원 전략과 대비되면서 장·노년층에게 상당한 효력을 발휘한다.

그런데 인터뷰 과정 속에서 한 가지 더 중요한 사실을 확인할 수 있었다. 장·노년층의 이와 같은 입장이 복고적인 성격에 불과하다는 지적이 있는데, 인터뷰를 통해 막상 그들의 입장을 확인해 보니 그렇지 않았다. 그들은 자신들이 체화하고 있는 가치가 현재 위기를 극복하는 데에 큰 역할을 할 수 있을 것이라는 생각을 하고 있었다.

> "우리같이 해결해야 할 사회적 문제가 많고 복잡할 때에는 특히나 신중하면서도 조화를 이루어낼 수 있는 능력이 필요한데, 이건 머리가 똑똑하거나 책을 많이 읽는다고 되는 게 아니라 경륜에서 나오는 겁니다. ⋯ 요즘 사람들은 지금이 제일 살기 힘든 것처럼 그러는데, 옛날엔 더 했어요. 더 어려운 상황을 개척해낸 정신과 지혜를 요즘 사람들은 배울 필요가 있지요."
>
> 박철훈, 63세

박철훈은 자신의 삶의 경험에서 체화된 경륜이 위기 극복을 위해 필요하다는 점을 강조했고 대다수 장·노년층도 비슷한 입장을 피력했다. 이들은 자신들이 젊은 사람들에 비해 체력과 기술에서는 밀리는 부분이 있지만, 사회 문제 해결에 있어 자신들의 경륜과 지혜가 반드시 필요하다는 점을 강조했다.

그러면 이러한 생각을 하는 장·노년층들이 구체적으로 강조하는 내용은 어떤 것인가? 필자는 55세 이상을 18명 인터뷰했고 그 가운데 12명에게서 세대 특성이 반영된 내용을 확인할 수 있었다. 인터뷰 내용을 분석한 결과 이들은 대부분 '성실성', '도전 의식',

'공동체 의식' 이 세 가지를 계승·발전시켜야 하는 전통으로 언급했다. 그리고 이는 한국 자본주의 발전을 추동한 문화적, 정신적 가치와 관련된다. 그다음으로 '애국심'과 관련한 '애국 담론'은 12명 중에서 6명이 언급했다. 위 세 가지만큼 보편적으로 언급되지는 않았지만 대신 인터뷰 대상자들이 '애국 담론'을 언급할 때는 다른 내용을 언급할 때보다 강한 톤으로 이야기를 했다. '애국' 담론의 경우 정치적 성격이 부각되는 것이 영향을 준 것으로 판단된다.

> "게으른 사람들은 임금님도 구하지 못한다고 하는데, 뭐라도 하려고 해야지. 아니 일자리가 없다고 하면서 외국인 노동자가 그렇게 많은 게 뭐야. … 다 좋고 편한 것만 추구하는 세태가 이런 상황을 초래한 거예요. 새마을운동처럼 국민의식을 바꿀 수 있는 혁신이 필요해요."
>
> 민진숙, 68세

민진숙은 1970년대 젊었을 시절에 여공이었다. 민진숙은 자신의 과거 경험담을 상세하게 설명하면서 노동윤리의 핵심이라고 할 수 있는 '성실성'을 강조했다. '성실성' 담론에는 '자발적', '적극적'이라는 두 가지 개념이 내포되어 있기 때문에 '성실성' 윤리를 체화한 노동자 창출은 경제 발전과정에서 매우 중요한 의미가 있다.

김준은 〈1970년대 여성 노동자의 일상생활과 의식〉이라는 글에서 노동운동가가 아닌 보통 여성 노동자의 수기를 분석하여 이들의 당시 시대 인식을 파악했다.[148] 이 연구 결과를 보면 당시 일반 여성 노동자들은 가난과 농촌생활로부터 벗어나고자 하는 욕구가 강했기 때문에 당시 도시 노동자로서의 삶에 큰 의미를 부여하고 있음을 알 수 있다. 민진숙의 경우는 이에 해당한다.

한국은 정부 수립 이후 토지개혁을 통해 봉건 지주제가 소멸되었고, 전쟁을 거치면서 '평등' 의식이 확고해졌다. 그리고 이 기반 위에서 가난한 농촌에 있던 유휴인력이 대거 산업 노동자로 편입되었고, 이들은 한국 자본주의 초기 발전의 핵심 견인차 역할을 했다. 농촌에서 도시로 나온 이들 대부분은 장시간 노동을 감내해야하는 저임금 노동자가 되었지만, 마땅한 일자리도 없고 가부장적인 질서가 강하며 변변한 문화시설도 없는 농촌에서의 생활보다 낫다고 생각하게 된 것이다. 그래서 '탈출'과 '비상'에 대한 욕망은 '성실성'으로 자연스럽게 이어졌다. 민진숙도 바로 그러한 경우이다. 그다음은 '도전 의식'이다. 이들은 '도전 의식'을 지금 사람들이 보고 배워야 하는 가치로 강조했다.

"기성세대가 이루어놓은 성과에 안주하려는 경향이 강해요. 도전 의식도 없고 뭔가를 더 발전시키겠다는 적극적인 생각도 부족해요.

우리가 자원이 있어, 뭐가 있어. 가진 것이라곤 사람밖에 없잖아. 성공한 재벌 1세대가 은퇴한 이후 2세, 3세로 넘어가면서 무너진 재벌들을 보면 창업자들과 달리 이들은 온실 속의 화초처럼 커서 유학도 다녀오고 아는 건 많지만, 복잡한 문제에 대처하는 종합적인 판단력과 지혜가 부족해요. 이건 재벌만 그런 게 아니에요. 국가도 그렇고 한 가정도, 개인도 다 그래요. 그런 점에서 요즘 사람들은 기성세대를 '수구꼴통'이니 하면서 배척하려고만 들지 말고, 자신들보다 거친 세상을 살아가면서 얻은 지혜를 배우려고 해야 해요."

안수혁, 62세

안수혁은 진보 세력이 과거사의 잘못된 측면을 밝히고 이에 대한 처벌과 보상을 하는 것에 대해서는 적극 동의하지만, 한국의 산업화 과정에 대해 부정적인 접근을 하는 것은 비판적으로 평가했다. 안수혁은 산업화의 역사가 부정적인 측면만 존재했다면 현재의 발전을 설명할 수 없다고 말한다. 그리고 현재의 위기는 무분별한 과거단절론으로 인하여 '도전 의식'과 같은 사회의 건강한 기풍이 약화된 것과 관련이 있다는 입장을 밝혔다. 그리고 안수혁의 인터뷰 중에서 흥미로웠던 부분은 '가진 것은 사람밖에 없다'는 발언이었다. 이는 앞에서 진보 세력이 정치 동원 전략에서 사람 중심론을 제기한 것과는 맥락이 다르지만 문제의식 자체는 유사하다는 것을 보여준다.

그다음으로 살펴볼 것은 '공동체 의식'에 관한 내용이다. 이것은 앞의 두 요소보다 복고적 성향이 강하며 산업화가 이루어지기 전의 공동체적 문화에 대한 향수와 관련 있다. 이들은 현재의 문제점을 극복하기 위한 대안으로 '공동체 문화'를 강조한다.

"사람들이 살기 힘들다고 생각하는 것은 공동체 문화가 약화된 탓에 사람들이 고립되어서 그래요. 예전엔 살기 어려웠어도 같이 고민을 나누고 함께 일을 해나가는 그런 문화가 있었는데 지금은 전혀 그렇지가 않아요. … 지금 이대로 가면 앞으로 더욱더 살기 힘들어질 거예요. … 그러니 개성이 중요한 것도 알겠는데 공동체 문화의 중요성을 새롭게 인식하는 것이 필요해요."

이민자, 71세

이들은 신자유주의 재편이 사회적 결속을 약화시키고 개별화를 초래하는 것에 대해 문제의식을 지니고 있다. 그래서 이 문제를 해결하기 위한 방법으로 공동체 문화의 긍정적인 의미를 부각시켰다. 인터뷰 과정 속에서 모든 장·노년층이 공동체 문화를 강조하고 있었다.

그리고 앞서 살펴본 '성실성', '도전 의식', '공동체 의식'은 공통적으로 제시되었는데 그만큼은 아니지만 애국 담론을 강조하는 경우도 적지 않았다. 이들의 담론을 살펴보면 국가는 자신이 긍정적으로 기억하는 대상의 총체이자 상징이라는 점을 알 수 있다. 김민철은 "나를 인정해주는 것은 국가밖에 없어. 내가 동네 사람들하고 자주 가는 곳이 '새마을식당'이야. 거기만 가면 왠지 가슴이 푸근해지고, 보람이 느껴진다고나 할까"라고 표현했고, 여공이었던 민진숙은 '젊었을 때는 자신의 가족만을 위해서 열심히 일한다고 생각했지만, 시간이 갈수록 지금의 경제 발전에 자신이 조금이라도 기여한 것이 자랑스럽다'고 말하며 자신도 모르게 '애국자'가 된 것 같다고 말했다.

'애국'이라는 담론은 국가주의적이고 일정 정도 권위주의적인 느낌을 주는데, 이들이 담론화한 '국가'와 '애국'은 사적인 추억과 정체성 등이 결부되어 상당히 개인적 차원에서 새롭게 의미화되고 있다. 이들은 권위주의 지도자들이 흔히 강조하는 '국가=나'라는 것과 전혀 다른 각도와 층위에서 '국가=나'로 설정하는 것으로 해석할 수도 있다. 그렇게 되면 위로부터의 '애국' 담론이 타자에게 '국가를 사랑해야 한다'는 의미 전달을 목적으로 한다고 할 때, 사람들의 '애국' 담론은 자신이 사회로부터 인정받고자 하는 생각이 반영된 것으로 해석할 수 있다.

이처럼 이들은 산업화 과정에서 체득된 윤리를 전통화한다. 과거를 단순히 회고적 대상으로만 파악하지 않고 산업화 과정에서 형성된 사회윤리를 적극적으로 재해석하여 당대의 문제점을 해결하기 위한 규범과 비전으로 설정하려고 한다. 이는 계급 차이를 넘어서 장·노년층의 세대적 특성이 반영되는 부분이다.

일반적으로 보수주의자들은 현재를 과거의 단절로 인식하는 것이 아니라 과거 시간의 흐름 속에서 이해할 때 제대로 된 의미를 파악할 수 있다고 판단하기 때문에 전통을 중시하는 경향이 있다.[149] 전통은 파괴되고 전복되어야 하는 대상이 아니라 현재와 미래의 문제를 해결하는 데에 있어 지혜의 등불이 될 수 있다는 것이 보수주의자들의 견해이다.

물론 진보주의가 전통과 근원적으로 대척점에 있다고 할 수 없으며, 창조적인 시각에서 전통을 활용한 진보적 동원 전략을 제시하는 것도 가능하다고 본다. 그러나 진보 세력은 독재 정권에 대한 저항의식을 강화시키는 과정 속에서 창조적 역발상을 제대로 하지 못했다. 오히려 전통화할 수 있는 장·노년층 세대의 집단적 기억을 보수 세력이 정치적으로 활용할 수 있도록 방치했다. 이것이 신자유주의 재편 과정 속에서 나타난 각종 위기와 맞물리면서 이들 세대에게 하나의 정치적 정체성 형성의 계기가 되었다.

이렇게 볼 때 장·노년층 보수화 현상을 생애주기론에 의한 연령효과로 해석하는 것은 사태를 매우 단순하게 보는 것이다. 그리고 이 해석은 정치적으로 위험하기도 하다. 사람이 나이를 먹는 것은 자연스러운 일인데, 생애주기론에 의하면 나이가 들수록 보수화는 필연이라는 주장으로 이어진다. 이는 자칫 잘못하면 진보 세력의 실패에 대한 정치적 알리바이가 될 수도 있다. 나이가 들면 보수화가 되는 것은 필연이니, 다른 원인을 진지하게 따져볼 필요가 없어지게 되는 것 아닌가?

이번 심층 인터뷰 과정에서 확인한 대로 장·노년층 보수화 현상을 연령효과에 의해 나타난 필연적인 현상이라고 할 수 없다. 이것은 급격한 사회변동 과정에서 형성된 복합적 소외감을 극복하기 위해 나타난 명백한 사회적 현상이다. 카를 만하임Karl Mannheim은 역사적 경험을 함께하고 그 기억을 공유하는 문화적 집단으로서 '세대'의 정치사회적 특성을 강조한 바 있는데, 장·노년층 보수화 현상은 이와 같은 만하임의 해석에 부합하는 경우이다.

3부를 마치며

3부에서는 사회 통합과 관련해 보수 세력이 정치적 헤게모니를 획득하게 된 과정을 크게 두 가지로 살펴보았다. 첫째, 질서를 중시하는 경우인데 이 안에서도 세부적으로 두 가지 유형으로 구분된다는 것을 확인할 수 있었다. 먼저 첫 번째로 진보 세력에 의해 형성된 자유화와 개인화가 현재 사회 통합의 근본적 위기를 초래하는 핵심 요인으로 인식하는 문화적 반反자유주의자들이 있다. 그리고 사회 통합을 위해 정치사회 엘리트와 일반 국민 사이의 소통이 중요한데, 사람들이 도덕과 감성의 측면에서 진보 세력의 이율배반적이고 독선적인 태도에 실망하여 진보 세력과 연대의식을 형성하지 못하는 경우가 포함된다.

이 문제를 해결하기 위해 문화적 반反자유주의자들은 전통과 종교를 사회질서의 회복 수단으로 판단하는 문화적 보수주의 성향을 보여준다. 그리고 국가를 통한 사회 통합을 지향하는 유형도 있었다. 여기에는 사회적 네트워크가 약화되었거나 와해된 소외 계층이 통합의 이데올로기로써 국가주의에 주목하는 경우가 있었고, 물리적인 국가공권력을 통해 사회 통합을 달성하고자 하는 경우도 확인되었다. 1부에서 살펴본 대로 '국가 운영'과 관련된 사안에서 보수주의 헤게모니가 형성된 탓에 사람들은 자연스럽게 보수 세력을 대안으로 인식했다.

두 번째로 전통을 사회 통합의 자원으로 활용하는 장·노년층의 세대정치를 살펴보았다. 전통은 근대화 과정에서 나타난 사회분열의 극복과 사회 통합을 위한 통치 수단의 하나로 활용된다. 보수 세력은 과거에는 근대 이전의 역사적 자원을 주로 활용했으나 최근에 이르러 산업화 시기의 발전을 전통화하는 새로운 동원 전략을 제시하기 시작했다. 그래서 보수 세력은 산업화 시기를 경험한 세대들의 역사적 자긍심을 강조하는 전략을 내세웠다. 그리고 장·노년층은 단순히 회고적인 의미에서 과거의 경험을 강조하는 것이 아니라 현재 위기 극복의 적극적인 대안으로써 산업화 시기에 형성된 삶의 윤리인 성실성, 도전 의식, 공동체 의식 등을 강조했다. 이러한 요인이 결합되어 장·노년층 세대의 보수화 현상이 나타나게 되었다.

에필로그

진보 진영은 무엇을 어떻게 해야 하는가?

앞서 살펴본 것처럼 최근 나타나는 보수화의 경로는 상당히 다양하다. 그런데 진보 세력은 아직도 이에 대한 이해가 부족하여 각각의 유형에 최적화된 맞춤형 전략을 세우지 못하고 있다. 아직도 과거 민주화 운동을 하던 관성에서 벗어나지 못한 채 단선적이면서도 이분법적인 시각으로 대응한다. 이는 그만큼 진보 세력이 시민사회 내부의 변화에 둔감했다는 것을 알려주는 대표적인 예이며, 진보 세력이 '낡고 수구적'이라는 인식이 형성되는 데에 결정적인 영향을 주었다. 그러므로 진보 세력은 대중의 실제 의식에 대한 깊이 있는 이해를 도모해야 하며, 시야를 넓혀 보수 세력의 변화에 좀 더 민감해져야 한다.

그다음으로 진보 세력이 유의해야 할 점은 보수화된 사람 중에서 정치를 혐오하는 사람이 많다는 사실이다. 심층 인터뷰 결과 사회경제적 차원에서 위기의식을 느끼는, 계급적으로 보면 중간층과 빈곤층에 속한 사람들은 정치를 혐오하면서 동시에 보수적 처방을 대안으로 인식하는 성향을 강하게 드러냈다. 이들은 보수화에 있어 큰 비중을 차지하며 계급 배반 투표를 하기 때문에 정치사회적으로 매우 중요한 의미가 있다.

정치 혐오는 정치적 변화를 통한 삶의 개선 가능성을 부정하는 사회심리다. 그래서 정치 혐오론자들은 보수든 진보든, 누가 되어도 상관없는 정치적 무관심층으로 이어지는 것이 사실 자연스럽다. 그런데 진보를 배격하고 보수를 받아들인 사람 중에 정치를 혐오하는 경우가 상당히 많았다. 진보적인 사람들 중에 정치 혐오 심리를 지닌 경우를 본 적이 있는가? 물론 크게 보면 진보에 속하는 아나키스트들이 그런 성향을 띤다고 볼 수 있으며 그렇지 않더라도 정치를 혐오하는 사람들이 있을 수 있다. 그러나 이 두 가지 모두 매우 예외적인 경우에 속한다. 실제 정치 혐오론자들을 보면 정치 무관심층과 보수주의자, 이 두 부류로 나뉘어 있다.

그러면 왜 정치 혐오 심리가 진보에게는 불리하지만 보수에게는 유리하게 작용하는가? 특히 사회경제적으로 위기에 빠진 사람들이 정치를 혐오하면서 보수의 처방을 수용하는 이유는 무엇인가? 진보 세력은 이와 같은 현상이 나타나는 원인에 대해 정확히 알아야 한다. 그렇지 않고 정치 혐오 현상에 대한 당위론적 비판만 해서는 결코 제대로 된 해법을 찾을 수 없다. 따라서 결론에서는 정치 혐오 현상이 나타나게 된 역사적이고 구조적인 배경에 대해 살펴본 다음, 이에 대한 해결책을 알아본다. 이는 현재 진보 세력이 처한 위기 상황을 돌파하는 데에 매우 중요한 함의가 될 것이다.

정치 혐오가 합리적인 선택이 된 이유

본문에서 언급했듯, '전쟁 정치'로 규정할 수 있는 한국 정치의 특성은 정치 혐오론 형성과 깊은 관련이 있다. 전쟁 정치에서의 정치는 삶과 죽음을 나누는 극단적인 경계선의 설정과 맞물려 있다. 전쟁 정치 상황에서 국가는 구체적인 행위뿐만 아니라 행위의 동인이 되는 내면의 '의도'에까지 통제를 시도하여 일반 국민을 '순수'와 '불순'으로 구분했다. 그리고 대중은 생존을 위해 국가가 설정한 내면세계의 구분선을 내재화했다. 그래서 대중은 생존을 도모하고자 끊임없는 자기 검열을 통해 위험 대상과의 연계를 회피하거나 차단하려는 의식을 가지게 되었으며 더 나아가 자신의 내면에는 '적'과 연관된 그 어떠한 것도 없다는 것을 스스로 증명해야만 했다.

그런데 여기서 주목해야 할 점은 '순수'와 '불순'을 나누고 순수함을 증명하는 것 등의 행위는 추상적이며, 그 정도를 객관적으로 측정할 방안이 없다는 사실이다. 전쟁 정치하에서 개인의 생사여탈권을 쥔 국가는 끊임없이 개인의 행위와 의식을 검증하려고 한다. 이와 같은 상황은 순수함을 증명해야 하는 사람들에게 대단히 강박적인 심리 상태를 초래할 가능성이 높다. 결국 개인은 자신의 의식구조 내에서 국가가 용인한 것 외에는 모두 발본색원하여 국가가 원하는 '순수'한 존재가 되려고 몸부림치게 된다. 그 결과 사회적 연대의식과 공감능력을 제대로 형성하지 못했다.

이것의 단적인 예로 어려운 처지에 놓여 있는 사람들에 대한 우리 사회의 이중적인 시각을 언급할 수 있다. 인간적인 측면에서 어려운 처지에 놓인 사람들을 바라보는 우리 사회의 시선은 상당히 따뜻하다. 일종의 동정심이다. 그런데 정치적, 구조적 맥락에서 어려운 처지에 놓인 사람들에게는 그렇지 않다. 대체로 무관심하고 냉랭하게 바라보기도 하며 심지어 적대적인 태도를 보이기도 한다. 인간적인 측면에서는 한없이 다정하지만 정치적, 구조적 맥락에서 그렇지 않은 이유는 사회적 연대의식과 공감능력이 제대로 형성되지 않았기 때문이다. 그만큼 개인은 개별화되어 있으며 타인과의 관계를 구조적 맥락에서 이해하는 데에 있어 많은 약점을 보인다.

이렇게 흩어진 개인은 국가나 재벌과 같은 거대 주체에 의지하고자 하는 심리를 가지게 된다. 기존 질서에 대항하여 이를 변경하는 것보다 오히려 그 속에서 조절과 관리를 하는 것이 낫다고 판단하는 것이다. 그래서 기본적으로 현상을 변경하려는 진보 정치의 기본 지향과는 배치되는 정치사회적 관념이 형성된다. 이는 정치 혐오론이 진보에게 불리하고 보수에게 유리한 방식으로 작동되는 원리이다. 이렇게 볼 때 정치 혐오, 즉 정치로부터의 도피는 결과적으로 전쟁 정치하에서 생존을 위한 개인의 합리적인 선택의 하나로 채택된 것이다. 그리고 정치 혐오론은 상당수 한국 사람에게 습속習俗화되었다고 할 수 있다.

이만큼 역사적으로 깊은 연원이 있는 정치 혐오 현상은 최근 신자유주의적 질서 재편이 가속화하는 상황 속에서 나타난, 새로운 요인과 결합하여 강화되고 있다. 그리고 이는 보수화를 추동하는 중요한 원인이 되고 있다. 과거 권위주의적 산업화 시기에는 성실과 근면이 사회적, 개인적 윤리 차원에서 강조되었는데, 신자유주의적 재편이 강화되고 있는 지금은 거기에 더해 경쟁과 자기 개발 윤리가 함께 강조되고 있다. 이런 경향이 커지면서 사회적 연대의식과 공감능력은 감정적 사치이며 경쟁에서 도태된 열패자에게 나타나는 심리 현상인 것으로 치부하는 사회 분위기가 조성되고 있다.

그런데 현재 시스템은 구조적으로 상당수의 패배자를 양산하고 국가와 사회의 복지 체계가 미약하기 때문에 위기에 처한 개인이 겪는 불안은 매우 심각할 수밖에 없다. 사회적 연대의식이 미약한 구조적 조건과 개인의 불안심리가 맞물리면서 수단과 절차와 상관없이 생존을 위한 목적과 결과중심적인 사고가 전보다 더욱 강화되었다. 이러한 현상이 시민사회 전반에 걸쳐 관류하여 민주적 변화에 대한 회의감이 확산된다. 만성적 위기에 따른 즉각적이고 자극적인 조치를 지향하는 사람들이 보기에 민주주의를 생산적이지 못하고 뜬구름 잡는 비현실적인 것으로 이해하는 흐름이 나타난다. 점점 더 진보적 가치와 실천이 뿌리내리는 데에 악조건이 발생하는 것이다. 그래서 이제까지 살펴본 것처럼 정치 혐오론은 진보에게는 불리하게, 보수에게는 유리하게 작용한다.

좌클릭, 우클릭 논쟁이 문제의 본질을 제대로 짚지 못한 이유

이와 같은 상황에서 진보 세력은 무엇을 해야 하는가? 이 책은 구체적인 정책에 대한 내용을 다루는 것이 아니라 정치 엘리트 세력들의 프레임 전략과 이에 대한 대중의 동학動學에 초점을 맞추고 있다. 설령 객관적 현실과 사람들의 주관적 인식에 간극이 존재한다 하더라도 후자를 틀리다고 지적하는 것에 그치지 않고, 현상이 나타난 원인을 분석하여 이에 대한 해법을 모색하고자 하는 것이 이 책의 목적이다. 그러면 진보 세력이 내세울 대항 프레임은 무엇이어야 하는가?

현재 진보 세력이 극복해야 할 가장 중요한 요소는 이 책의 제목처럼 '진보 세력은 무능하고, 보수 세력은 유능하다'는 세간의 평가이다. 정치 세력을 대상으로 한 '무능' 프레임은 국가를 책임지고 운영할 수 없다는 인식을 형성시키기 때문에 정권 획득을 목표로 하는 정치 세력에게는 매우 치명적이다. 특히 한국은 전쟁을 경험했고 국가가 경제개발을 주도했기 때문에 국가주의 이데올로기는 단순히 관념적 허위가 아닌 실질을 반영한다고 할 수 있다. 그래서 이번 심층 인터뷰에서 확인된 대로 사람들은 세세한 정책을 평가하기에 앞서 특정 정치 세력이 국가를 책임질 수 있다는 신뢰감을 주는지 여부를 먼저 살핀다. 그래서 '진보 세력은 무능하다'는 프레임을 극복하지 않으면 백약이 무효하다. 그리고 '진보 세력은 무능하다'는 프레임은 구조적으로 배태되어 있는 정치 혐오 심리와 맞물리면서 진보의 약화와 보수의 강화 현상을 더욱 추동한다.

　그래서 진보 세력은 국가 운영 능력에 대한 사회적 신뢰를 회복하기 위해 대항 프레임을 제시해야만 한다. 이를 위해 필요한 것은 진보 세력의 정체성의 근간이자 보수 세력에 비해 우위에 있는 민주, 평화 담론에 대한 재구성 전략이 필요하다. 이것은 현재의 민주당 계열 정당이 오랜 기간 해왔지만 전혀 쓸모가 없었던 좌클릭·우클릭 논쟁과 전혀 다른 문제다. 보수 세력은 '진보 세력은 무능하다'는 프레임을 형성하기 위해 진보 정체성의 근간인 '민주'와 '평화'라는 가치에 '약하다'와 '실용적이지 못하다'는 관념이 결부되도록 했다. 그런데 진보 세력은 이 두 가지 가치를 버릴 수 없다. 단지 명분을 중시하는 맹목적인 태도 때문이 아니라 '민주'와

'평화'는 국민들에게 보편적으로 호소할 수 있는 중요한 가치이자 보수에 비해 진보 세력이 비교우위에 있는 가치이기 때문이다.

문제는 보수 세력이 두 가지 가치에 '나약함'과 '비실용적'이라는 덫을 놓은 데에 있다. 국가주의가 실질적인 영향력을 발휘하고 있기 때문에 위기에 처한 사람들은 '나약하다'고 판단하는 정치 세력을 기본적으로 신뢰하지 않는다. 또한 위기로 인해 불안감에 빠진 사람들은 우선 자신들의 피부에 와 닿는 실질적인 결과에 관심을 가질 수밖에 없다. 그렇게 볼 때 민주당 계열 야당이 선거 패배 때마다 반복하는 좌클릭, 우클릭 논쟁은 사태의 본질을 잘못 짚어 나온 오류이다. 좌로 가든 우로 가든, 중도로 가든 진보로 가든, '나약함'과 '비실용성'이라는 프레임의 덫에서 벗어나지 못한다면 아무런 효과를 거둘 수가 없다.

바보야! 문제는 경제가 아니라 정치다, 정치!

그러면 무엇을 어떻게 해야 하는가? 먼저 진보 세력은 정치적 권위를 확립해야 한다. 정치적 권위에 기반한 강력한 리더십을 창출하는 것이 가장 중요하다. 이 책에서 확인한 것처럼 사회경제적 약자들은 정치적 지배계급과 경제적 지배계급의 차이를 이해하고 있으며 전자의 힘을 통해 후자를 압박하여 자신들의 계급이익을 얻고자 하는 입장을 취하고 있다. 이는 상당히 객관적이고 합리적인 입장이라고 평가할 수 있다. 그래서 이들은 강한 정치 리더십을 원한다.

그런데 진보 세력은 '빈대 잡으려고 초가삼간 태운다'는 속담처럼 권위주의 타파에 너무 매몰되어 권위주의와 권위를 구분하지 않고 정당하면서도 필요한 권위조차 약화시켰다. 이를 정치적 기득권 포기와 정치 민주화라는 논리로 합리화시켰는데, 이는 권위 있는 정치 리더십의 형성을 가로막는 부작용을 초래했다. 실제 2003년 민주당 분당을 통한 열린우리당 창당 이후부터 지금까지 이어져온 민주당 계열 정당의 분열과 이합집산은 권위 있는 정치 리더십 부재의 결과이자 원인이기도 했다. 이러한 진보 세력을 두고 대중은 '콩가루 집안'이라고 냉소하면서 그런 상태에서는 아무것도 할 수 없다고 판단한다. 그래서 진보 세력이 국가 운영 능력에 대한 사회적 신뢰를 회복하기 위해서는 무엇보다 '권위 있는' 정치 리더십을 창출하는 것이 급선무이다.

두 번째로 안보 문제의 정치사회적 효과에 대해 새롭게 인식해야만 한다. 필자가 심층 인터뷰를 한 사람들 중 상당수가 안보와 종북에 관련된 사안에서 진보 세력의 문제점을 지적했다. 그런데 이들은 과거처럼 전쟁 발발의 공포심 때문에 이러한 태도를 보이는 것은 아니다. 지금 안보와 종북에 관련된 이슈는 강한 국가와 권위를 파악하는 일종의 '리트머스 시험지'와 같은 역할을 하고 있다. 사회경제적으로 위기에 처해 있는 사람들은 강한 국가가 자신들의 이익에 도움이 된다고 판단하는데, 안보, 종북과 관련된 이슈는 사람들의 의식을 간접적으로 자극한다.

이 사안에 대응하는 보수 세력의 공세를 낡은 이념공세로 치부해서는 곤란하다. 보수 세력이 대중의 심리를 꿰뚫어보고 강한 국가에 대한 상징적 동의를 얻기 위해 그와 같은 공세를 펼치는지는 확실하지 않다. 그러나 보수 세력의 원래 의도가 어떻든 간에 그들의 행위는 시민사회 내에서 강한 국가를 열망하는 사람들에게 실제로 호소력을 발휘하고 있다. 진보 세력은 대중에게 시선을 맞춰 안보와 종북 담론이 실제로 작동되는 방식에 대해 면밀하게 분석해야만 한다. 그래서 '평화'가 '나약함'과 연계되는 메커니즘에 주목할 필요가 있다.

세 번째로 진보 세력은 '민주적인 통치 방식이 훨씬 더 생산적이다'라는 점을 강조할 필요가 있다. 사실 평화의 실용적 가치에 대해서는 많은 사람이 이해한다. 그런데 이와 달리 민주주의를 실용적으로 생각하는 사람은 거의 없는데 이것은 매우 심각한 사안이다. 무엇보다 진보 세력은 스스로 '민주화'의 가치를 협애화하는 우를 범했다는 점을 크게 반성해야 한다. 2000년대 초반 정당 민주화 문제가 불거진 이후에 진보 세력은 민주화 담론을 정치개혁, 정당개혁 차원에 집중했다.

물론 초기에는 국민들도 환호했다. 이건 공급주체인 정치인과 정당이 개혁되면 수요자인 국민이 실질적으로 원하는 삶의 질 향상이 이루어질 것이라는 암묵적 인식하에서 나타난 현상이다. 그런데 정치개혁과 정당개혁에 대한 수많은 개혁안이 나오고 실천이 이루어졌지만 국민의 삶의 질 향상 차원에서 국민이 실제 체감할 수 있는 조치가 이루어진 것은 거의 없었다. 그 틈을 놓치지 않고 보수 세력은 민주주의에 대한 부정적인 프레임을 유포시켰다.

특히 보수 세력은 정치적 위기에 처하면 '민생과 정쟁'이라는 프레임을 꺼내들면서 진보 야권의 비판을 '정쟁'으로 몰아 자신들의 불리한 사안에 맞대응했다.

그런데 '민주적'인 통치는 현재처럼 시민사회가 발달하고 다원화된 사회 속에서는 실제로 더 생산적인 효과를 발휘한다. 대표적으로 김대중 정권은 경제위기 극복을 위한 4대 구조 개혁 과정, 의약분업, 동강 댐 문제 등 대립하는 세력 사이의 갈등을 민주적인 개입과 소통을 통해 원만히 해결한 바 있다. 특히 외환위기가 사회경제 위기로 비화되던 1998~1999년은 한국전쟁 이후 최고의 국난이라고 불리던 시절이었고 87년 6월 항쟁 이후 더디게 진행되는 민주화 조치로 사회적 갈등이 고조되던 상황이었다. 그렇지만 민주적인 소통, 조절, 개입 등의 방식으로 여러 난제를 해결할 수 있었던 것이다.

지금은 국제적인 교류가 매우 활발하고, 1987년 이후 한국의 민주화는 꾸준히 발전해왔기 때문에 권위주의적 통치는 역효과를 낼 수밖에 없다. 과거처럼 힘으로 억누르면 단기적으로는 효과를 볼 수 있겠지만, 사회적 신뢰가 무너지기 때문에 장기적으로는 국가 발전에 큰 장애 요인이 된다. 로버트 퍼트넘Robert Putnam은 사회 구성원들의 자발적인 참여와 이들 사이의 신뢰, 수평적 연결망 등을 사회적 자본social capital이라 개념화하고 이것이 사회 발전에 있어 매우 중요한 요인이 된다는 점을 강조한 바 있다.

한국의 근대화는 압축적이면서도 불균등한 성격을 띠어서 경제 성장 등 양적인 측면에서는 상당히 고무적인 성과를 이루어냈지만, 그 과정에서 발생한 갈등과 분열을 적절히 치유하지 못했다. 그 결과 사회적 자본은 제대로 형성되지 않은 상태이다. 우리 사회가 더욱 발전하기 위해서는 사회적 자본의 중요성에 대해 깊이 생각해야만 한다. 앞서 김대중 정권 시절에 있었던 실제 사례에서 보듯 민주적인 소통, 개입, 조절 등을 통해 갈등하는 사회 세력들 사이의 협력과 신뢰가 형성되도록 하여 문제를 해결하는 것이 지금 우리에게 필요하다.

그렇게 볼 때 '민주주의'는 고매한 가치이기도 하면서 결과를 창출하는 생산성 측면에서도 효과적이다. 진보 세력은 이러한 것을 강조하면서 자신들이 보수에 비해 비교우위에 있는 가치를 부각시키는 담론 전략을 구사해야 하는데 전혀 그렇지 못했다. 그 결과 성장, 발전, 생산 등과 같은 실용적 담론을 보수가 선점하고 사실상 독점하도록 방치했다고 할 수 있다.

종합적으로 보면 진보 세력은 정치에서 실패했기 때문에 신뢰를 얻지 못한 것이다. 진보 진영 내에서는 1992년 빌 클린턴Bill

Clinton 후보가 조지 부시George Bush 대통령에게 승리했을 당시 사용했던 '바보야! 문제는 경제야It's the economy, stupid'라는 구호를 위기 극복의 대안으로 인식하는 사람들이 많다. 그런데 권위 있는 정치 리더십을 창출하지 못한 상황에서 아무리 경제를 외친다고 해도 그것만으로 신뢰를 주기는 어렵다. 진보 세력에 대한 권위, 국가 운영 능력에 대한 신뢰감이 형성되지 않은 상황에서 방향만 전환하는 것은 근본적인 해법이 될 수는 없다. 그래서 오히려 '바보야? 문제는 경제가 아니라 정치야'가 진보 진영에게 필요하다.

미주

1 하성태, 〈"박근혜 지지율 종교화, 이게 나라인가 싶다가도..."〉, 《오마이뉴스》, 2015년 9월 7일 자.

2 리처드 세넷, 조용 옮김, 《신자유주의와 인간성 파괴》, 문예출판사, 2002, pp.211~215.

3 지그문트 바우만, 정일준 옮김, 《쓰레기가 되는 삶들》, 새물결, 2008, pp.21~22.

4 김찬호, 《모멸감》, 문학과지성사, 2014, pp.87~90.

5 질병관리본부 홈페이지 참조. http://www.cdc.go.kr/CDC/contents/CdcKrContentView.jsp?menuIds=HOME001-MNU1130-MNU0754-MNU1108&cid=21819

6 신호경, 〈한국 자살률·흡연율·의료비 증가율 'OECD 최고'〉, 《연합뉴스》, 2014년 7월 2일 자.

7 이주영, 〈[진보개혁의 위기] 3-1. 한국사회에 부는 보수바람〉, 《경향신문》, 2006년 11월 8일 자.

8 이용욱, 〈2007 대선, 이것이 변수다〉, 《경향신문》, 2007년 3월 26일 자.

9 EAI, 2-5-2013(국민대통합위원회. 2014. 〈국민통합이슈모니터링(Vol.1)〉, p.5에서 재인용).

10 홍제성, 〈"교사,학생,학부모 3분의 2, 전교조 교사에 긍정적"〉, 《연합뉴스》, 2003년 5월 16일 자.

11 한국갤럽, 《데일리 오피니언》 제120호(2014년 6월 4주).

12 김호기, 《한국시민사회의 성찰》, 아르케, 2007, pp.159~168.

13 남소연·구영식, 〈"안철수 사라진 자리에 진보 공간 남아 있다"-박명림 교수 인터뷰〉, 《오마이뉴스》, 2014년 8월 8일 자.

14 한국은행 경제통계시스템 (http://ecos.bok.or.kr); 손정우, 〈MB정부, 새정부에

게 경제교훈 줘〉,《세계일보》, 2013년 3월 13일 자.

15 사회경제고통지수에 관한 정의와 산출법은 배민근·송태정, 〈사회경제고통지수
    로 본 삶의 고통〉, LG경제연구원,《LG주간경제》 2006에서 참조.

16 사회경제고통지수 산출을 위해서 필요한 1993~2012년까지 20년간의 소비자
    물가율, 실업률, 소득배율, 범죄율(10만 명당 발생 건수), 자살률(10만 명당 자살자
    수) 등 다섯 가지 지표는 통계청(http://kostat.go.kr/portal/korea/index.action)과
    국가통계포털(http://www.kosis.kr)의 자료를 참조.

17 민주통합당 대선평가위원회,《18대 대선 평가 보고서 패배 원인 분석과 민주당
    의 진로》, 2006, pp.33~34.

18 여기서 인용한 출구 조사 자료는 노무현 후보 48.4% 대 이회창 후보 46.9%로
    실제 최종 득표 결과인 노무현 48.9% 대 이회창 46.6%와 거의 일치했다(《서울
    신문》, 2002년 12월 20일 자). 그리고 한국갤럽이 대선 전날 실시한 여론조사 결
    과는 박근혜 후보 51.5% 대 문재인 후보 47.8%로서 2012년 대선 실제 득표율
    인 박근혜 후보 51.6%, 문재인 후보 48.0%와 거의 일치했다(한국갤럽연구소,
    《제18대 대통령 선거 투표 행태》, 2013, p.22).

19 2002년 대선 실제 결과 이회창 후보 지지율은 46.6%이고 노무현 후보 48.9%
    였는데, 대선 전날 실시한 한국갤럽 여론조사는 이회창 46.4%, 노무현 48.2%
    로 실제와 거의 같은 결과였다.(한국갤럽조사연구소,《제16대 대통령 선거 투표 행
    태》, 2003, p18), 2012년 자료는 앞의 한국갤럽이 선거 전날 실시한 여론조사 결
    과를 참조.

20 민주당 대선평가위원회(위원장 한상진 교수)는 한국 사회과학데이터센터에서 매
    대통령 선거 직후 1주일간 실시한 사후 여론조사 결과를 활용하여 〈민주당 대선
    평가위원회 보고서〉를 작성했다.

21 심층 인터뷰를 진행한 32명 중에서 3명은 1997년 대선 당시 투표를 하지 않았
    다고 답변했다. 인터뷰 대상자 섭외에 있어 1997년과 2002년에는 김대중, 노
    무현, 권영길 후보를 지지했다가 2007년과 2012년도에는 이명박, 박근혜 후보
    를 지지하는 경우를 원칙으로 했는데 대상자를 섭외하는데 여러 난점이 있어 위
    3명은 대상자에 포함시켰다.

22 실제(박근혜 51.6%, 문재인 48.0%)와 거의 동일한 조사 결과를 보인 한국갤

럽이 대선 전날 실시한 여론조사 결과(박근혜 51.5%,문재인 47.8%)에 따르면 55~59세에서 박근혜 후보 지지율은 69.1%, 60세 이상은 76.8%로 보수 후보에 대한 압도적인 지지를 나타내고 있다는 점에서 유사하다.(한국갤럽연구소,《제18대 대통령 선거 투표 행태》, 2013, p.24).

23 김범수, 〈스코틀랜드 독립, 노년층이 무산시켰다〉,《한국일보》, 2014년 9월 25일 자 기사 참조. 2014년 9월에 실시된 스코틀랜드 독립에 대한 찬반 의사가 세대별로 크게 차이가 나타나 장·노년층 이상에서는 반대가 압도적으로 우세했다. 당시 이를 확인하기 위한 여론조사에서 장·노년층과 그 이하를 구분할 때 적용한 연령이 55세 기준이었다.

24 현대경제연구원이 2013년 8월 26일에 발표한 〈OECD 기준 중산층과 체감 중산층의 괴리〉 보고서에서 정리한 중산층 기준을 활용했음을 밝힌다.

25 Eagleton, Terry.,《Ideogy: an introduction》, Verso, 1991, p.202.

26 다이안 맥도넬, 임상훈 옮김,《담론이란 무엇인가》, 한울, 1992, pp.13~14.

27 카를 슈미트, 김효전·정태호 옮김,《정치적인 것의 개념》, 살림, 2012, p.39.

28 유범상, 〈한국의 노동운동 위기와 담론 정치〉,《동향과 전망》 77, 2009, p.215.

29 Thompson, John B. *Studies in the theory of ideology*, Cambridge : Polity Press, 1984, pp.1~15.

30 박세일,《대한민국 선진화 전략》, 21세기북스, 2006, pp.90~92.

31 앨버트 허시먼, 이근영 옮김,《보수는 어떻게 지배하는가》, 웅진지식하우스, 2010.

32 최장집,《민중에서 시민으로》, 돌베개, 2009, pp.184~194.

33 최장집, 〈최장집, 그는 민주주의를 어떻게 말하는가〉, 최장집 외 2인,《어떤 민주주의인가》, 후마니타스, 2007, pp.48~49.

34 김세중, 〈일탈의 정치-노무현과 386운동의 정치사적 의미〉, 김광동 외,《노무현과 포퓰리즘 시대》, 기파랑, 2010, pp.19~61.

35 한나라당 부대변인 박태우의 논평. http://news.naver.com/main/read.nhn?mode=LSD&mid=sec&sid1=123&oid=156&aid=0000003962 참조.

36 박효종, 〈'노무현 정치'의 전사적 특징과 그림자〉, 김광동 외,《노무현과 포퓰리즘 시대》, 기파랑, 2010, pp.81~116.

37 정용인·김태훈, 〈'1번'만 찾던 강남 3구 '콘크리트 지지층' 변했나?〉, 《경향신문》, 2014년 6월 7일 자.

38 이충원, 〈從北세력과 黨 같이 안 해〉, 《연합뉴스》, 2001년 12월 21일 자.

39 복거일, 《보수는 무엇을 보수하는가》, 기파랑, 2011, pp.176~178.

40 자유지식선언, 《한국 국민에게 고함》, 기파랑, 2007, pp.308~311.

41 손호철·김윤철, 〈국가주의 지배담론〉, 조희연 외, 《한국의 정치사회적 지배담론과 민주주의 동학》, 함께읽는책, 2003, p.237.

42 임현진·송호근, 〈박정희 체제의 이데올로기〉, 역사문제연구소 엮음, 《한국정치의 지배 이데올로기와 대항이데올로기》, 역사비평사, 1994, pp.169~207.

43 함재봉, 〈보수주의와 현실주의〉, 박효종 외, 《한국의 보수를 논하다》, 바오출판사, 2005, p.194.

44 이상우, 《새로 쓴 우리들의 대한민국》, 기파랑, 2012, pp.67~72 ; 172~180.

45 박정희, 《우리 민족의 나갈 길》, 동아출판사, 1962, pp.96~106.

46 전재호, 〈박정희 체제의 민족주의 연구〉, 서강대학교 대학원 정치외교학과 박사학위논문, 1998, pp.183~189.

47 한나라당 정책위원회, 〈날아간 서민의 희망: 노무현 정권 4년 평가 자료집〉, 한나라당 정책위원회, 2006, p.3.

48 김영욱·김광두, 《한국형 창조경제의 길》, FKI미디어, 2013, 1부.

49 프랜시스 후쿠야마, 이상훈 옮김, 《역사의 종말》, 한마음사, 1992.

50 데이비드 하비, 최병두 옮김, 《신자유주의 간략한 역사》, 한울, 2007, p.90.

51 데이비드 하비, 최병두 옮김, 《신자유주의 간략한 역사》, 한울, 2007, pp.100~103.

52 사토 요시유키, 김상운 옮김, 《신자유주의와 권력》, 후마니타스, 2014, pp.88~89.

53 류석춘·왕혜숙, 〈외환위기는 발전국가를 변화시켰는가: 공적 자금을 중심으로〉, 《한국 사회학》 41(5), 2007, pp.92~94.

54 고나무, 〈박정희의 황소, 노무현의 눈물〉, 《한겨레신문》, 2007년 11월 22일 자.

55 김동춘, 《전쟁정치》, 길, 2013, p.170.

56 복거일, 《보수는 무엇을 보수하는가》, 기파랑, 2011, pp.196~197.

57 김인섭, 〈선진화 문턱에서 본 한국 법치주의의 현주소〉, 포럼 굿 소사이어티 건

국 60주년 연속 기획 대토론회 발표문, 2008, pp.9~12.

58 김인섭, 〈선진화 문턱에서 본 한국 법치주의의 현주소〉, 포럼 굿 소사이어티 건
국 60주년 연속 기획 대토론회 발표문, 2008, pp.12~13.

59 성한용, 〈'좌-우', '보수-진보' 위험한 이분법〉, 《한겨레신문》, 2015년 7월 29일 자.

60 2002년 9월 30일 선거대책위원회 출범식에서 노무현 후보가 했던 발언.
박창식, 〈노후보, 권위·특권주의 청산선언〉, 《한겨레신문》, 2002년 9월 30일 자.

61 박송이, 〈진보인사가 민주당으로 간 까닭은〉, 《주간경향》 990호(2012년 8월
28일).

62 박석원, 〈박근혜 "새 한나라 만들자" 원혜영 "99%가 주인인 나라로"〉, 《한국일
보》, 2012년 1월 2일 자.

63 이유미, 〈박근혜-문재인-안철수 주요 정책 비교〉, 《연합뉴스》, 2012년 9월
16일 자. 이에 박근혜 후보는 정부 지출 구조조정 등에 초점을 맞춰 증세 이외의
대안을 제시했다.

64 이병광·이기수, 〈금강산관광 정부지원 논란-2野 "절대 不可" 與선 "환영"〉,
《경향신문》, 2002년 1월 24일 자.

65 성한용, 〈김대통령-미 경제인 대화록/남북화해.경제개혁 노력 한반도는 유망
한 시장〉, 《한겨레신문》, 2000년 9월 10일 자.

66 2005년 6월 14일 김대중은 6.15 공동선언 5주년을 맞이하여 KBS와 가진 특별
대담에서 이와 같이 말했다. 이 대담은 〈6.15 남북공동선언 5주년 - 김대중 전
대통령에게 듣는다〉라는 제목으로 6월 15일에 방송되었다. 관련 내용은 연세
대학교 김대중도서관, 《김대중전집 I》 9권, 연세대학교 대학출판문화원, 2015,
pp.342~343에서 인용.

67 2012년 12월 12일 문재인 민주통합당 대통령 후보 6차 방송연설문 중에서.

68 2012년 9월 5일 민주통합당 이해찬 교섭단체 대표연설문 중에서.

69 노무현 후보의 2002년 12월 15일 기자회견문. 대통령기록관 역대 대통령 웹기
록 참조.

70 관련 내용은 http://blog.ohmynews.com/kimsamwoong/493434를 참조.

71 최장집, 《민주화 이후의 민주주의》, 후마니타스, 2005, p.9.

72 이에 관한 내용은 《동아일보》 2006년 5월 24일 자에 실린 김인규의 칼럼 〈짝

통' 진보에 다시는 속지 말아야〉에 잘 나타난다.

73 이와 관련해 전인 교육을 내세우며 방과후 교육을 반대했던 전교조의 의도가 2000년대 중반 학원 사교육 사업으로 부를 축적한 과거 운동권 출신들과의 암묵적인 교감 속에서 이루어진 것이라는 비판이 있다(조용, 〈운동권 386의 '방석' 3개〉,《문화일보》, 2006년 6월 24일).

74 김동춘,《1997년 이후 한국 사회의 성찰》, 길, 2006, p.396.

75 조돈문, 〈신자유주의의 구조조정 경험과 노동 계급 계급의식〉, 비판사회학회,《경제와 사회》79, pp.203~205.

76 김용호, 〈인터넷 커뮤니티와 정치: 「노사모」사례 연구〉, 한국사회학회,《한국사회학회 사회학대회 논문집》, 2008, p.24.

77 송채경화, 〈홍세화 "진보당 사태 한번 거쳐야 할 폭풍"〉,《한겨레신문》, 2012년 5월 27일 자.

78 Giddens, Anthony. *Central Problems in Social Theory: Action, Structure and Contradiction in Social Analysis*, Berkley: University of California Press, 1979, pp.193~196. 한국어판은《사회이론의 주요쟁점》(윤병철 옮김, 문예출판사, 1998).

79 조연현, 〈「사재기」누구 탓인가/조연현 사회부기자(현장메모)〉,《세계일보》, 1994년 6월 16일 자.

80 박수균, 〈뉴라이트 4단체 '北인권대회'"햇볕 주니 돌아온 건 핵·미사일뿐"〉,《문화일보》, 2006년 8월 10일 자.

81 홍관희, 〈한반도 통일전략〉, 자유지식인선언 엮음,《한국 국민에게 고함》, 기파랑, 2007, pp.80~81.

82 2012년 3월 28일, 새누리당 중앙선대위대변인 이상일 성명(http://news.naver.com/main/read.nhn?mode=LSD&mid=sec&sid1=123&oid=156&aid=0000011314).

83 황영식, 〈황소의 해〉,《한국일보》, 2008년 12월 24일 자.

84 김민하, 〈'경제' 59번 말한 대통령… 세월호 등 현안엔 '침묵'〉,《미디어스》, 2014년 10월 30일 자.

85 최재혁, 〈[朴대통령 시정연설] "경제" 59번 "財政" 16번 반복… 나라경제 절박

함 표현〉,《조선일보》, 2014년 10월 30일 자.

86 이영준·강병철, 〈이정현 자전거 하나로 곳곳 누벼… "경쟁력·진정성 통했다"〉, 《서울신문》, 2014년 8월 1일 자.

87 스튜어트 홀, 임영호 옮김, 《대처리즘의 문화정치》, 한나래, 2007, p.103.

88 김성균, 〈조희연, 박정희 칭찬 왜?〉,《데일리한국》, 2014년 6월 6일 자.

89 류석춘·김형아, 〈1970년대 기능공 양성과 아산 정주영〉, 아산사회복지재단 엮음,《아산 정주영과 한국경제 발전 모델》, 집문당, 2011, pp.118~120.

90 이광일, 〈정치부재의 시대, 대안세력은 무엇을 하고 있는가〉,《황해문화》82호, 2014, pp.90~93.

91 손병호·조민영, 〈[김근태 의장 취임 기자회견] "밥이 하늘" 서민경제 올인〉,《국민일보》, 2006년 6월 12일 자.

92 정태일, 〈최재천 "민주당이란 이름에 보수적, 패배주의 냄새난다"〉,《해럴드경제》, 2014년 3월 14일 자.

93 최장집,《민중에서 시민으로》, 돌베개, 2009, pp.274~279.

94 노영우, 〈숫자로 본 대한민국 '임금비율 양극화'〉,《매일경제》, 2015년 8월 26일 자.

95 이상원·이광빈, 〈슬픈 비정규직 600만 시대…양극화로 치닫는 노동시장〉,《연합뉴스》, 2015년 7월 20일 자.

96 '전학공투회의'의 약자이다. 전공투는 1968~69년에 걸쳐서 새롭게 전개된 일본 대학생 운동단체이다. 이들은 무엇보다 과격한 방식으로 운동을 전개했으며 이로 인해 대중적 지지기반을 상실했다.

97 '십선비' 혹은 '쎕선비'라고도 한다. 엄숙함, 고상함, 진지함, 도덕성 등을 중시하는 진보 엘리트들의 문화적 취향에 거부감을 드러내기 위한 목적으로 사용되는 표현이다.

98 고재열, 〈'재특회'를 보면 '일베'가 보인다〉,《시사인》298호, 2013년 6월 5일 자.

99 정찬, 〈김부겸 "당혁신, '싸가지 있는 집단'으로 거듭나기"〉,《폴리뉴스》, 2013년 3월 20일 자.

100 문재인,《1219 끝이 시작이다》, 바다출판사, 2013, p.310.

101 정우상, 〈지지율 회복 나선 민주, 올해 3대 혁신책은… 막말추방·從北 탈피·민생정책〉,《조선일보》, 2014년 1월 3일 자.

102 김상기, 〈박근혜 대표 테러/노사모 대표 "60바늘 꿰맸다니 성형도 한셈…"〉, 《국민일보》, 2006년 5월 22일 자.

103 앨버트 허시먼, 이근영 옮김, 《보수는 어떻게 세상을 지배하는가》, 웅진지식하우스, p.224.

104 조지 레이코프, 유나영 옮김, 《코끼리는 생각하지 마》, 삼인, 2006, p.48.

105 최장집, 《한국민주주의의 이론》, 한길사, 1993, pp.316~325.

106 박종상, 〈우리나라 가계자산 구조의 현황과 시사점〉, 《주간금융브리프》, 2013, pp.22~49.

107 장현주, 〈공적연금제도의 노후빈곤 완화효과 – 국민연금제도를 중심으로〉, 《한국 사회와 행정연구》 23(4), 2013, pp.265~286.

108 김재영·김철중, 〈부동산 '50년 잔치' 끝나나/"등락 거듭하며 완만하락… 폭락 사태는 없을 것"〉, 《동아일보》, 2010년 9월 18일 자.

109 권이선, 〈한국 '살기 좋은 나라' 28위… 3단계 하락〉, 《세계일보》, 2015년 11월 3일 자.

110 2014년 1월 7일 보건사회연구원이 1차 조사를 시행한 2005년부터 8차 조사를 시행한 2012년까지 지속적으로 패널조사에 참여한 5,015 가구의 소득 추이를 분석 연구하여 발표한 자료.

111 현대경제연구원, 〈자영업은 자영업과 경쟁한다 ― 자영업자의 10대 문제〉, 2012, 통권 498호.

112 금재호, 〈자영업 노동시장의 변화와 특징〉, 《노동리뷰》 2012년 10월호(통권 제91호), 2012, p.73.

113 김복순, 〈자영업 고용 구조와 소득 실태〉, 《노동리뷰》 2014년 5월호(통권 제110호), p.79.

114 김복순, 〈자영업 고용 구조와 소득 실태〉, 《노동리뷰》 2014년 5월호(통권 제110호), p.71.

115 이승렬, 〈자영업 부문에 지난 1년간 무슨 일이 있었나?〉, 《노동리뷰》 2012년 9월호(통권 제90호), pp.39~40.

116 박은애, 〈부도 낸 자영업자 절반이 50대 베이비붐 세대〉, 《국민일보》, 2014년 2월 11일 자.

117 이병훈·신재열, 〈자영자의 계층의식에 관한 연구〉, 《경제와 사회》 92, 2011, pp.260~261

118 장덕진, 〈박근혜 정부 지지율의 비밀〉, 《황해문화》 82, 2014, pp.35~36

119 최장집, 《한국 민주주의의 조건과 전망》, 나남, 1996. 1장.

120 Lew, Seok-Choon, Woo-Young Choi, and Hye-Suk Wang. "Confucian Ethics and the Spirit of Capitalism in Korea", Lew, Seok-Choon. *The Korean Economic Developmental Path*, Palgrave Macmillan, 2013, pp.25~46.

121 김일영, 〈박정희 시대와 민족주의의 네 얼굴〉, 《한국정치외교사논총》 28(1), 2006, pp.226~237.

122 김동춘, 《근대의 그늘》, 당대, 2000, pp.172~174.

123 유시민, 《국가란 무엇인가》, 돌베개, 2011, pp.190~193.

124 김문조, 〈한국 사회 통합의 과제와 전망〉, 《보건복지포럼》 통권 제150호, 한국보건사회연구원, 2009, pp.3~4.

125 울리히 벡, 홍성태 옮김, 《위험사회》, 새물결, 2006, pp.211~215.

126 홍찬숙, 〈울리히 벡의 '위험사회'와 '하위 정치'의 마키아벨리즘〉, 《사회와 이론》 14, 2009, pp.215~218.

127 김면회, 〈한국 사회 변화와 자유민주주의의 위상: '진보와 보수' 담론을 중심으로〉, 송병헌·이나미·김면회 엮음, 《한국 자유민주주의의 전개와 성격》, 오름, 2004, pp.174~175.

128 보수 개신교계가 성소수자 문제와 진보에 대해 부정적으로 프레임화하는 현상을 비판적으로 진단하는 다음 글을 참조할 것. 나영, 〈보수 개신교계의 생존 전략: 동성애와 진보를 사회악으로 만들기〉, 《슬로우뉴스》, 2015년 7월 16일 자.

129 데이비드 하비, 최병두 옮김, 《신자유주의 간략한 역사》, 한울, 2007.

130 민문홍, 《에밀 뒤르케임의 사회학》, 아카넷, 2007, pp.246~250.

131 로버트 니스벳, 강정인 옮김, 《보수주의》, 이후, 2007, pp.29~35.

132 Frank, Thomas. *What's the matter with Kansas?: how conservatives won the heart of America*, Metropolitan Books, 2004.

133 데이비드 하비, 최병두 옮김, 《신자유주의》, 한울, 2007, pp.106~112.

134 오찬호, 《우리는 차별에 찬성합니다》, 개마고원, 2013, pp.4~9.

135 지그문트 바우만, 정일준 옮김,《쓰레기가 되는 삶들》, 새물결, p.25.

136 김태형,《불안증폭사회》, 위즈덤하우스, 2010, p.21.

137 김호기,《한국시민사회의 성찰》, 아르케, 2007, 1장.

138 데이비드 하비, 최병두 옮김,《신자유주의 간략한 역사》, 한울, 2007.

139 이상우,《새로 쓴 우리들의 대한민국》, 기파랑, 2012, p.220.

140 김종엽,《연대와 열광》, 창작과비평, 1998, pp.85~104.

141 박승위, 〈현대사회와 인간소외〉,《인문연구》 13(2), 영남대학교 인문과학연구
소, 1992, pp.211~212.

142 이홍균,《소외의 사회학》, 한울, 2004, 2장.

143 허버트 허시, 강성헌 옮김,《제노사이드와 기억의 정치》, 책세상, 2009.

144 샹탈 무페, 이보경 옮김,《정치적인 것의 귀환》, 후마니타스, 2007, pp.10~21.

145 Hobsbawm, Eric. "Inventing Traditions", Hobsbawm, Eric and Terence
Ranger(ed), *The Invention of Tradition*, Cambridge : Cambridge University Press,
pp.1~14.

146 전재호, 〈박정희 체제의 민족주의 연구〉, 서강대학교 대학원 정치외교학과 박사
학위 논문, 1998.

147 이영훈, 〈왜 다시 해방 전후사인가〉, 박지향 외 엮음,《해방 전후사의 재인식1》,
책세상, 2006, pp.62~63.

148 김준, 〈1970년대 여성 노동자의 일상생활과 의식: 이른바 '모범근로자'를 중심
으로〉,《역사연구》 제10호, 2002, pp.53~99.

149 로버트 니스벳, 강정인 옮김,《보수주의》, 이후, 2007, pp.45~52.